鎌倉、海街好日子

「觀光以上、住人未滿」的湘南私我路徑

因在日常中的步調不能心如所想，於是人開始出發去旅行。

當期望心情放得緩緩的時候，旅行的方位不知不覺中就朝向有海氣息、山微風、古美好、慢意念和好生活的「鎌倉、湘南」。

正如鎌倉、湘南的悠哉悠哉氛圍一樣，Milly 也是每次一點點一點點的，愈來愈喜歡起這地方，然後漸漸的在不知不覺中，已經脫去了旅人的外衣，只是想如日常的在這裡日常，度過憧憬的海街小日子。

目錄

前言

是鎌倉微妙了湘南、還是湘南微妙了鎌倉

「鎌倉是鎌倉，湘南是湘南」，如果你問鎌倉人多數得到的答案是這樣的，正如京都人認為「京都是京都，關西是關西」不能混為一談同然。京都雖然位在關西地區，但是京都不等於是關西，京都就是京都。

甚至有個有趣的說法是，只有懷有心機的房地產業者，才會將鎌倉、逗子、葉山統稱為湘南，因為只要掛上「湘南」字樣，就讓人產生「有海」「有山」的高級度假區印象，房價也就相對提高。

在試圖理解為什麼鎌倉人不樂意將鎌倉歸納為「湘南地區」的心態之前，不如先說說一般日本人對湘南的普遍認知。

首先習慣上說「湘南海岸」也可、說「湘南」也可，偏向地域性的官方說法「湘南」是指「神奈川縣相模灣沿岸」，這樣的定義讓「湘南」一整個擴大，連氛圍完全不同的伊豆半島都因面向相模灣而被納入範圍，如此即使是外地人也都難免認為有些牽強。於是在導覽書、旅行情報雜誌和不成文的民間默認下，就傾向將「湘南」狹義設定為「江之島」「鎌倉」「逗子」「葉山」，廣義延伸到「大磯」「三浦半島」「橫須賀」的相模灣沿岸地區。

在此範圍的前提下，說到湘南會聯想到什麼呢？

鎌倉（鎌倉大佛、鶴岡八幡宮）、海水浴場、衝浪人潮（幻想連木村拓哉都會來此衝浪）、江之島黃昏和しらす（魩仔魚）、《海灘男孩》（竹野內豐和反町隆史主演的浪漫日劇）、湘南暴走族、漫畫《灌籃高手》、樂風契合海灘氣氛，主唱是桑田佳佑的「南方之星（サザンオールスターズ）」和江之電電車等等。

可是，如果單單只是這樣似乎很難理解，為什麼每年諸多的日文旅行情報雜誌都依然持續要以鎌倉、湘南為主題推薦，於是 Milly 就擅自懷疑不論是湘南或是鎌倉，一定有什麼在觀光動線之外的「美好」隱藏著、存在著。

試圖分解湘南和鎌倉彼此之間的微妙關係，察覺到鎌倉代表的是「觀光」「歷史」「人文」和「森林」，湘南則蘊含著「好生活」「慢日常」「輕度假」和「海洋」的訊息。甚至有說「鎌倉是小京都」「湘南是小加州」。

所以當大致的觀光動線都瀏覽後，試圖更進一步貼近鎌倉「美好真相」時，就會自然而然將介入鎌倉的形式轉化為「觀光以上、住人未滿」，不知不覺中就漸漸從大道走入巷弄，從觀光動線脫出以好奇路線延伸，體驗著屬於「湘南」的私我路徑。

接著甚至開始不這麼介意，到哪裡為止算是鎌倉，從哪裡開始已是湘南，因為兩者本來就擁有著美好的微妙關係，鎌倉因湘南而和緩、湘南因鎌倉而豐富。

鎌倉來來去去

從東京車站出發前往鎌倉，搭乘JR橫須賀線直通列車，所費時間約是60分，從品川搭乘的話則約50分。經由新宿出發前往鎌倉，搭乘JR湘南新宿ライン直通列車，所需時間也大約是60分。從新宿利用小田急列車到達藤沢（藤澤）約是60分鐘，換搭江之電到達鎌倉需時34分。

相關優惠的區間交通套票，有JR東日本發行的700日圓「鎌倉・江ノ島パス（鎌倉、江之島一日券）」和由「江ノ島電鉄」發行的600日圓一日券、小田急電鐵發行的1470日圓「江の島・鎌倉フリーパス（江之島、鎌倉一日券）」。

幾年前Milly從東京都心前往鎌倉，多是購買包含「東京~鎌倉區間」往返車票的兩日「鎌倉・江ノ島フリーきっぷ（鎌倉、江之島周遊券）」，可惜這便利的周遊券已於2011年4月停售。

替代的「鎌倉・江ノ島パス」暫時只能在JR大船、藤澤、鎌倉、北鎌倉等車站購買，可以無限次數搭乘鎌倉、藤澤、大船區間JR線、江ノ島電鉄線和湘南モノレール（湘南單軌電車）。

江ノ島電鉄線一日券已是600日圓，單從這點來看700日圓的「鎌倉・江ノ島パス」是頗划算的，出示「鎌倉・江ノ島パス」沿線不少設施還享有優惠。

從小田急新宿站出發使用的1470日圓小田急「江の島・鎌倉フリーパス」一日券，包含新宿～藤澤間的往返車票、「藤澤～片瀬江ノ島」間小田急線和江ノ電的區間無限次數搭乘。

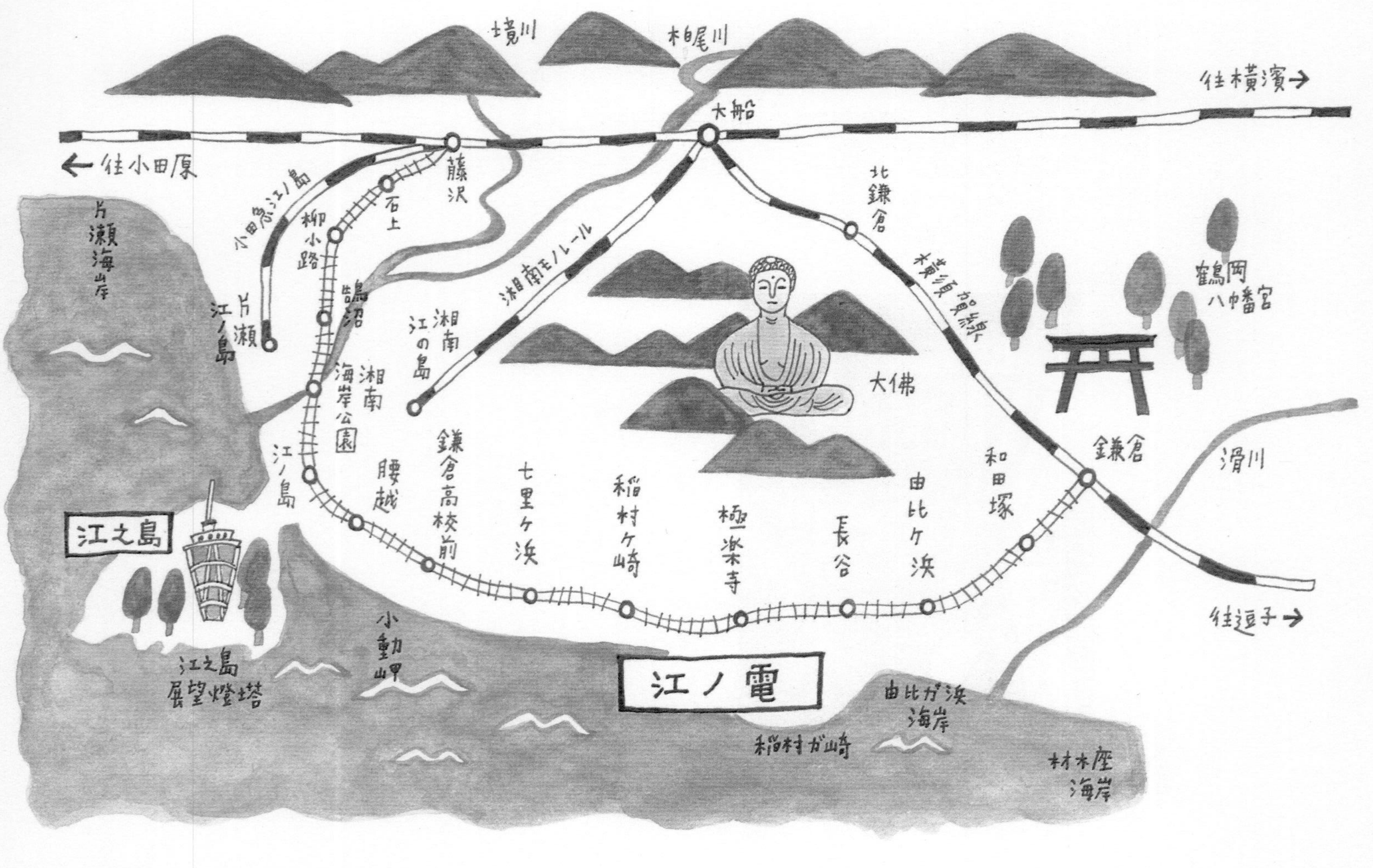
境川
柏尾川
往橫濱→
←往小田原
大船
藤沢
石上
柳小路
鵠沼
湘南海岸公園
江ノ島
腰越
鎌倉高校前
七里ケ浜
稲村ケ崎
極楽寺
長谷
由比ケ浜
和田塚
鎌倉
北鎌倉
橫須賀線
湘南モノレール
湘南江の島
小田急江ノ島
片瀬江ノ島
片瀬海岸
大佛
鶴岡八幡宮
滑川
往逗子→
江之島
江之島展望燈塔
小動岬
江ノ電
由比ガ浜海岸
稲村ガ崎
材木座海岸

Part. 1

早安鎌倉幸福計畫

喜歡鎌倉。

放任自己無條件的偏愛鎌倉，回想起來關鍵或許正是早晨。

從東京搭乘早班列車於北鎌倉車站下車，獨佔清透新綠中充滿意境的圓覺寺（円覺寺）、之後走在往明月院的路上，更得以沉浸在靜謐中品賞雨色繡球花。

在體驗了因清晨而分外古雅悠然的鎌倉後，Milly 動了貼近鎌倉就必須住宿鎌倉的念頭。

散步鎌倉的起點不再是東京或是橫濱的 HOTEL 而是鎌倉境內的旅宿。一早在面向大海的江之電月台喝著熱呼呼的外帶咖啡、站在鶴岡八幡宮台階高處眺望薄霧中的遠方、與清晨於沙灘慢跑的湘南人錯身而過，然後想著這日早餐要以哪一間咖啡屋來幸福出發，目標「笑容」存在的方向！

鎌倉朝マップ（鎌倉早安地圖）

鎌倉朝マップ的全名是「太陽と暮らそう カマクラ朝 MAP（跟著太陽一起生活吧、鎌倉早安地圖）」，由提供在鎌倉居住的人、工作的人、旅遊的人，美好清晨資訊的組織「Otento Sun Sun Project」所列印，免費放置在鎌倉市內的咖啡屋、餐廳和 HOTEL、Guest House 內。希望能藉由鎌倉特有的清晨資源，讓人與人、人與地方能互相連結，進而讓鎌倉街道更有活力。

如無法順利拿到這張提供如何參與鎌倉清晨以及早餐咖啡屋的地圖，也可以參考該協會的臉書專頁。

Good Morning Kamakura : www.facebook.com/goodmorningkamakura

●「bills 七里ガ浜」的海景早餐

本店位在澳洲雪梨，被《紐約時報》推薦為世界最好吃早餐 bills 的日本一號店，選在面向海灘七里ガ浜的位置於 2008 年開始營業，其實這也是 bills 第一間海外分店。

根據 bills 年輕創業者 Bill Granger 的說法，七里ガ浜的生活步調和風景很像他生長的澳洲雪梨 Bondi Beach 海灘。

2009 年 3 月第一次來到「bills 七里ガ浜」是在午後，只是喝了杯雞尾酒，真正一早來此享用傳聞中的美味鬆餅則是在 2010 年的 8 月。初次品嘗 bills 鬆餅的衝擊至今依然印象深刻，驚訝於這鬆餅怎能做得如此鬆軟卻又如此風味濃郁，honeycomb butter 奶油融化在鬆餅上享用的滋味讓人上癮。

之後順勢在日本空前的鬆餅熱潮中，吃了不少不同門派不同國籍的鬆餅，認為若是論到早餐鬆餅，bills 在 Milly 心目中的地位始終還是無法取代，持續到現在，「去 bills 吃早餐」還是等同「以非日常的早餐寵愛自己」的代名詞。

為了重溫以及跟同遊親友推薦這美味鬆餅，Milly 多次前往東京

的「bills 表參道」，同時也去過橫濱和台場的分店。餐點上除了那代表性的鬆餅早餐（リコッタパンケーキ／フレッシュバナナ、ハニーコームバター），陸續也品嚐了在酥炸洋蔥上放上櫛瓜片、燻鮭魚的「スプリングオニオンフリッター／自家製グラブラックスサーモン、ズッキーニ」和有著烤番茄、培根、蘑菇的早餐全餐「フルオージーブレックファスト」。不論在哪個分店吃的餐食和用餐環境都有著期待中的水準，只是在都會享用的 bills 早餐，怎麼也比不上聽著海潮聲的「bills 七里ガ浜」時光。

當獲知停業整修的「bills 七里ガ浜」，於 2015 年 3 月重新開張的訊息，又怎能按捺得住。

快快趁著同年 5 月住宿在江之電（江ノ島電鉄）起站藤澤站旁 HOTEL 時，跟著通勤通學的零落乘客搭上首班的清晨電車，一路看著窗外朦朧光線下海岸風景，目標 19 分鐘後到達的七里ガ浜車站。

從七里ガ浜車站走去海岸公路旁的 bills 不過是 2 分鐘不到的路程，看看距離開店時間還有 10 多分鐘，那日天氣晴朗又瞥見店前

bills 七里ガ浜

似乎也尚未出現排隊人潮，就轉為穿過馬路走去海岸沙灘，眺望著更早就來到海邊的衝浪人身影。

這是平日才得以擁有的舒緩節奏，隔日週六恰巧也在一早來到七里ガ浜，距離開店時間7點還有20多分鐘的時間點上，「bills 七里ガ浜」所在位置純白建築「Weekend House Alley」一樓已經排起長長隊伍。

看來能像那日這樣悠閒的準時在開店同時入內，可以如願坐在面向海景的窗邊座位，只能說是天時地利的結果。而且即便是非假日的早上，開店後短短20多分鐘內，店內已坐入將近九成以上於平日偷閒來此早餐的客人。

以「beach-house dining room」概念重新規劃的「bills 七里ガ浜」用餐空間，所有座位比起以往更能充分擁有海景。意外的是，即使趁著重新裝修增設了不少座位，空間卻比起以往更有開放感，尤其那日天空、海水正藍，從落地大窗看去的海景格外耀眼，讓在這裡享用的早餐幸福度也隨之倍增。

本想依然選擇偏愛的鬆餅早餐，看見菜單有以往沒留意到的「ス

イートコーンフリッターwithアボカドサルサ」就瞬時改變主意，聽店員說這是在5月前後甜玉米風味最佳時才會出現的早餐菜色。以甜玉米、青椒、洋蔥油炸的酥餅，搭上清爽青菜沙拉、培根、碳烤番茄和濃郁酪梨鮪魚莎莎醬享用，口感風味有著不同的層次美味。

INFO

bills 七里ガ浜
鎌倉市七里ヶ浜1-1-1 2F
週一 7:00～17:00、週二～週日 7:00～21:00（不定休）
bills-jp.net

●「GARDEN HOUSE」的綠意早餐

距離江之電鎌倉站、JR鎌倉駅西口步行3分鐘的「GARDEN HOUSE」，入口不大且低調隱密，很難想像內部卻是如此林木茂盛綠意盎然。

跟鄰側的星巴克一樣，「GARDEN HOUSE」原址也是漫畫家橫山隆一五十多年屋齡的宅邸兼工房。改建時遵循「創造人與人、人與地方交集，並得以在豐饒綠意中盡情放鬆愉悅」的企劃主題，極力保留下跟著大宅共存的幾株大樹。

這份對自然和歲月的溫柔，讓在「GARDEN HOUSE」享用早餐的時光愈發寧靜悠然，也因此得以建構出鎌倉特有的幸福早餐模樣。

所在腹地內還有園藝花房「GARDENER」、生活道具、有機商品「Early Bird」等店鋪，料理走南加州風路線的咖啡屋則分為室內和露台座位區。

理所當然被花草林木環繞的露天座位必定是熱門選擇，假日早晨經常是一位難求。

Milly選在「GARDEN HOUSE」開業初期前往，當時早餐供應從上午8點開始到11點，550日圓附上有機果醬、烤吐司、糖心煮蛋、醋拌紅蘿蔔絲等的含飲料吐司早餐，樣式簡單卻是風味到位。

只是三年後再次來到「GARDEN HOUSE」，550日圓特惠

吐司早餐已從 MENU 消失。

不過附餐可選擇有機咖啡、茶和果汁的 800 日圓吐司早餐，多了焦糖肉桂風味，比起前次享用的吐司早餐，不論美味份量都升級，吃後倒也沒有怨言。

早餐 MENU 選擇更加豐富，除了放入百年老店「鎌倉ハム（鎌倉火腿）」燻製香腸的人氣鬆餅早餐外，還多了放入時令水果的法國吐司套餐和健康志向的水果燕麥雜穀優格早餐。

只是還是要小小抱怨早餐時間居然從 8 點改為 9 點開始，讓早起的 Milly 不免小小遺憾。

INFO

GARDEN HOUSE

鎌倉市御成町 15-46

9:00～22:00（不定休）

www.gardenhouse-kamakura.jp

●「食堂 COBAKABA」的荷包蛋早餐

前後回想，至今已在青菜市場「鎌倉市農協連即売所」（鎌倉中央食品市場）旁的「食堂 COBAKABA（食堂コバカバ）」用餐多達五次之多，對於一個不是居住城市的異國食堂來說，這樣的次數或許算是異常現象。唯一能顯示的是，Milly 真的很喜歡這間食堂，同時真的頗為頻繁的進出鎌倉。

餐廳原址是店主雙親經營的「小林鞄店（小林皮包店）」，於是即使改為食堂依然延用居民熟悉的印象，以日文小林及皮包的英文拼音 COBAKABA 作為店名。

前兩回都是為了享用「食堂 COBAKABA」以當日在一旁「鎌倉中央食品市場」採買的鎌倉野菜調理，講求健康兼具美味的午餐定食。

午餐可選擇每日更換的本日定食和每月固定的月定食，除了主餐外還配上小菜兩份、醃菜和絕對不是調理包，從高湯開始親手製作的味噌湯。

2006 年開店至今嚴守的宣言是：The Shokudo For Your

Delicious & Healthy Days（每日提供給你美味和健康的食堂）。午餐時段從 11 點開始，這樣的營運模式維持了頗長一段時間。

當鎌倉興起早餐幸福計畫時，原本就是鎌倉慢食文化推動者之一的「食堂 COBAKABA」自然不會缺席，甚至還擔任著很關鍵的推動角色。

「食堂 COBAKABA」的早餐從 8 點開始，一直提供到 10 點為止，同樣是家常風味的早餐選擇非常多樣，其中最人氣的是有五穀米、味噌湯、沙拉、納豆和有機放養生雞蛋的傳統日式生雞蛋拌飯早餐（卵かけご飯），價位還是很窩心的 500 日圓「ワンコイン定食（一枚硬幣定食）」，其他 500 日圓的早餐定食還有涼拌豆腐和納豆定食，套餐依照季節不定期更動的配菜則是每日不同。

Milly 依然不敢吃生雞蛋，於是改為選擇 600 日圓的荷包蛋早餐定食（目玉燒定食）。

荷包蛋早餐的主角是一粒完美煎炸的荷包蛋，蛋白滑嫩周邊帶著些許焦香，蛋黃精準的呈現七分半熟狀態，吃時淋上薄醬油更

增美味。吃著蛋味扎實的荷包蛋，粒粒晶瑩的香噴噴米飯，配上熱呼呼以手づくり麦味噌（純手工麥味噌）烹調的溫暖滋味味噌湯，整個人都暖呼呼又鬆軟軟起來。

味噌湯是很微妙的日本代表性食物，明明看似簡單樸實，但是有沒有用心、有沒有放入愛（笑），一入口身體的細胞就可以感覺出來。

誠意的味噌湯不會說謊，調理包的味噌湯則是充滿了虛情假意。在「食堂 COBAKABA」用餐總能感覺到理所當然的小幸福，可能是因為每樣菜色都很家常感，也都能看見為健康和美味的努力、堅持。狹長店內空間不大卻恰好可感受到食物烹調時帶著熱氣的香味以及料理過程的輕快聲音。

在又吃了兩回「食堂 COBAKABA」朝食後，本以為短期內或許不會再前往享用早餐，怎知又因為一個以食物、音樂、早晨為和諧連結，每月第一、第三個週日於鎌倉不同咖啡屋、店家和戶外同時進行的「グリーンモーニングカマクラ（Green Morning Kamakura）」活動，讓 Milly 再次於一早踏入「食堂

COBAKABA」，同時經歷了一次很微妙的早餐音樂會。

「Green Morning Kamakura 有機早晨鎌倉」活動中的「食堂COBAKABA」，早餐時段依然採取自助形式，就是客人要先在櫃檯點餐，然後自己端料理到桌上。可是畢竟窄小店內正舉行著歌手自彈自唱的民謠音樂會，客人來來往往多少有些騷擾，於是破例的店主表示點餐後會由他們端到桌上。

Milly 那日說是幸運吧?!居然就坐在演唱者前方桌位，於是就這樣一面吃著美味荷包蛋早餐，一面身體不自主輕輕搖晃聽著現場洗滌心靈的歌謠。

INFO

食堂 COBAKABA

鎌倉市小町 1-13-15

早餐 8:00～10:00、午餐 11:00～17:00、週六日～21:00（週三定休）

cobakaba.com

Green Morning Kamakura
（有機早晨鎌倉）

2010 年開始持續進行的「Green Morning Kamakura」，每回參與的咖啡屋和音樂人不同，有時也會搭配青空市集、手作市集共同進行，詳情請參考臉書專頁。

www.facebook.com/GreenMorningKamakura

●「café vivement dimanche」的格子鬆餅早餐

位在JR鎌倉東口小町通商店家巷道內，2014年開店邁入第二十年的咖啡屋「café vivement dimanche」，不單改變了Milly介入鎌倉的態度，同時也是引領鎌倉新世代店家擺脫觀光地消費陳腐印象，建立鎌倉獨立人文風格的先驅。

因此如同「食堂COBAKABA」必定在鎌倉每一個潮流轉變中參與一樣，也可以透過每回跟「café vivement dimanche」的交會，更新鎌倉最深入的本地思潮和預知未來的動向。

2013年5月第四度來到「café vivement dimanche」，距離第一次前來居然已經十年，咖啡屋空間依然維持著初次前來的印象，不能不佩服店主堀內隆志對信念的堅持。

支持鎌倉幸福早餐計畫，「café vivement dimanche」更改開店時間於上午8點提供早餐，而且還是讓咖啡愛好者歡喜，以該店自信咖啡加上現作Waffle（格子鬆餅）的500日圓早餐（選擇卡布奇諾或冰拿鐵的早餐是600日圓），常客們還私下稱這8～11點的早餐時段為「朝ディモンシュ（朝dimanche）」。

能在堀內隆志營造的美好咖啡空間和音樂中，享用 500 日圓價位的早餐已讓人雀喜，更何況咖啡和 Waffle 都跟其他時段提供的沒有差別，同樣是無從挑剔品質和份量。

從著作的《鎌倉のカフェで君を笑顔にするのが僕の仕事（直譯：以這間鎌倉咖啡屋讓你展現笑容是我的工作）》一書中，可以窺看到堀內隆志對於這間咖啡屋的種種想法。店名來自法國名導演楚浮的同名電影，門口的立牌也跟電影有關，靈感來自電影《Monsieur Hulot's Holiday（胡洛先生的假期）》。店主堀內隆志熱愛法國電影和巴西音樂，咖啡屋因此除了提供專業咖啡和南美風味食物外，也是音樂、電影、人文思潮的發訊地。

店內的料理、飲品、周邊商品、推薦音樂是商品，但是在完整意念呈現下，咖啡屋「café vivement dimanche」儼然是堀內隆志創造出的作品。

INFO

café vivement dimanche・鎌倉市小町 2-1-5

8:00～20:00（週四定休，週三不時定休）・cvdois.exblog.jp

●「PARADISE ALLEY BREAD & CO.」的個性麵包早餐

在鎌倉幸福早餐計畫中，不知為什麼就是很容易忽略這間風格獨特麵包咖啡屋的早餐。Milly 也是去了鎌倉中央食品市場好幾回後，才終於在誤闖的狀況下進去吃了早餐。

不過要分享這微妙又難忘的早餐時光之前，還是要好心提醒，「不要被咖啡屋店名排列的英文字樣給迷惑了！」不要誤認為這是間小時尚的麵包咖啡屋。

有了這樣的心理準備，當尋著地址來到位在鎌倉中央食品市場內的「PARADISE ALLEY BREAD & CO.」店前時，就不至於在大驚小怪的震撼後猶豫起來不敢進去。

Milly 私下稱這麵包咖啡屋是「烏托邦咖啡屋」「嬉皮咖啡屋」，說這是間懶洋洋沒有做生意鬥志的麵包咖啡屋或許也頗貼切。

好了，該說的都說了，就可以正式推薦這裡的早餐了。只是還是請務必理解，推薦歸推薦，Milly 可沒保證這裡的早餐合乎大部分人的胃口，但是說有特色有風味則絕對是有特色有風味（笑）。

透過雜誌介紹依稀記得在販售鎌倉青菜的「鎌倉中央食品市場」

內，有間可以一大早吃到麵包早餐的咖啡屋，只是鎌倉早餐選擇太豐富總是讓人分心，再則是「PARADISE ALLEY BREAD & CO.」低調隱身在市場不起眼角落，即使經過也沒多留意，當然更可能是店家也沒多認真的想引起注意。

可是微妙的，即使這樣一間未必是很清新、很親切的麵包咖啡屋，當 Milly 站在店前時卻瞬間泛起一見鍾情、非進去不可的衝動。理由是比這間市場內麵包咖啡屋更棒、更美味的早餐咖啡屋隨處可見，但「PARADISE ALLEY BREAD & CO.」不是 Best One 卻一定是 Only One。

盡可能不讓臉上露出詭異的笑意，壓抑著心中雀躍的好奇心進入店內，跟有著流浪氣質一臉慵懶的女店員點了早餐，店內看似藝術家或是年輕高級遊民的男店主，則自始至終都只是認真的看著手上一張宣傳單。

女店員先跟一旁雜貨鋪阿伯買了一盒雞蛋回來，接著不慌不忙的研磨咖啡豆、沖咖啡、切麵包、煮蛋。於是等待早餐上桌前，Milly 有著充分的時間觀察店內曖昧於「廢墟與格性」「藝術與淩

亂」間的店內空間。

有趣的是，明明破舊卻能框架出國籍不明的異國風味，明明看似髒亂卻看不到一抹灰絮。週末上午8點多的時間點上，玻璃櫃內似乎只有昨日殘留的麵包，僅存麵包上都有著疑似以麵粉烙印上的圖騰、文字、咒語?!眼前所見似乎可以窺看到店主堅持的某種倔強意念（或是獨特的世界觀），真是謎樣的麵包屋呢。

至於店頭玻璃窗門上的「培養醱酵宙造研究所」字樣，或許是理解該店天然酵母麵包的線索（店主自稱是培養醱酵宙造研究所所長）。據知店主雙親也在鎌倉務農，想跟從小就熟悉的鎌倉中央食品市場有所連結，於是開了這麼一間可以喝到蔬菜湯和麵包的「市場休憩所」。

平日9點、週末假日在7:30分就開始供應的500日圓早餐只有一種選擇，當日早餐是有略帶酸味的黑咖啡、三種硬麵包切片配上奶油以及白煮蛋。（2015年7月後早餐更改為600日圓）

不過從後來的線索得知，時尚風格的「GARDEN HOUSE」店內所使用的吐司麵包，居然是來自「PARADISE ALLEY BREAD & CO.」！果然是高深莫測的麵包咖啡屋。

鎌倉市農協連即売所

1928 年持續至今的「鎌倉市農協連即売所」（鎌倉中央食品市場），當地居民則習慣暱稱它為「レンバイ（連売 REBAI）」。

Milly 一回也沒來到這裡買過青菜回去烹調，卻幾乎每次於清晨經過必定要進去晃晃，看看這裡自由擺放青菜的元氣模樣。不過可不是在「鎌倉市農協連即売所」販售的青菜就是「鎌倉野菜」，所謂的鎌倉野菜可是有其必須遵守的定義。

鎌倉野菜的定義之一是，鎌倉農家以露地栽種（非塑膠棚內或溫室栽種）的新鮮蔬果在當日一早摘採後，不經由中盤商，直接透過鎌倉市農協連即売所，販售給消費者和餐廳的。

鎌倉野菜在多年「地產地消」的品質堅持下，獲得消費者和廚師們的信賴，農家於是更進一步強化有機栽培，引進栽種更多樣多國籍的精緻蔬菜，奠定了具備「都會、時尚、新鮮」的鎌倉野菜品牌印象。

要在鎌倉吃到鎌倉野菜不難，幾乎所有的餐廳都會強調使用的是在地鎌倉野菜。其中佔據地利之便的，自然就是在レンバイ旁的「食堂 COBAKABA」。

「食堂 COBAKABA」每天更替的本日午餐，多年來都是以手寫方式呈現，因為每日菜色會以當日一早在隔壁「レンバイ」採買的鎌倉野菜而定。

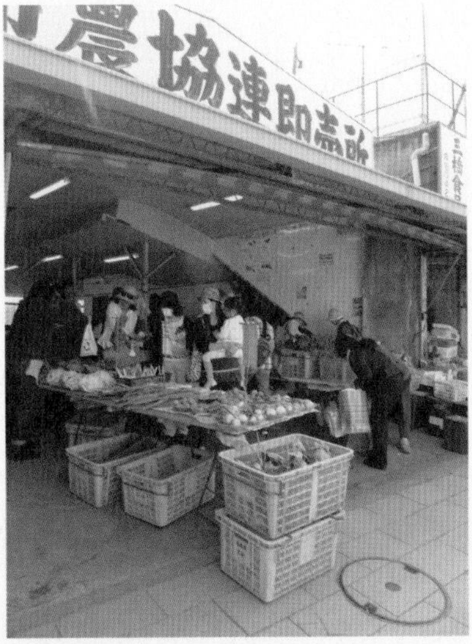

INFO

PARADISE ALLEY BREAD & CO.

鎌倉市小町 1-13-10

9:00～19:00（早餐至 11:00）、週六日 7:30～19:30（不定休）

3 CAFÉ

3 CAFÉ

●有著 3 CAFÉ 回憶的「THE GOOD GOODIES」

在過往的鎌倉幸福早餐路徑中，曾經有間寄居在御成商店街巷道內「咖啡美學」中，如同乘坐南瓜馬車出現的灰姑娘，只在週一～週五的早上7點～10點出現的早餐咖啡屋「3 CAFÉ」。

營業時間一過，「3 CAFÉ」就會連同店前的鐵鑄看板一起消失，彷如從來沒有在這空間存在過一般。殘留下的只是香醇咖啡、法國吐司的美味、在此度過的舒緩清晨時光，以及離開咖啡屋時店主溫柔說出的：「良い天気ですね，いってらっしゃい～（天氣真不錯呢、慢走喔～）」的送行話語。

所以當再次意圖前去重溫那美好早餐時光時，獲悉「3 CAFÉ」居然已暫時停止營業的訊息時，頓時感到錯愕和無法置放的失落。只是萬萬沒想到這失落卻在偶然中得以平服，以完全意料之外的形式。

Milly原來只是單純以在早上7點去喝一杯現沖精品咖啡的心情，前往同樣位在御成商店街巷道內的「THE GOOD

THE GOOD GOODIES

THE GOOD GOODIES

GOODIES」。

在飄散著幸福咖啡香的小小立飲咖啡空間內，以鋼杯喝著年輕女咖啡師以細緻專業動作手沖的熱呼呼咖啡。

喝完了這留下好印象的專業咖啡後，Milly 還買了幾包「THE GOOD GOODIES」的掛耳咖啡包，期望能將這美好咖啡滋味延續到旅途結束回家後的日常中。

之後偶然上網搜尋「THE GOOD GOODIES」資料時，才赫然發覺原來以為已經完全消失在鎌倉晨間的「3 CAFÉ」，在短暫的蟄伏後以 STAND COFFEE（立飲咖啡）形式和「THE GOOD GOODIES」店名重新出發，也就是說，至此擁有獨立店面的「THE GOOD GOODIES」有著「3 CAFÉ」的靈魂。本該早在喝著那用鋼杯端出的咖啡和收到離開時女店員的那句「よい1日をお過ごしください！」時，就應該有所聯想，只怪那日看店的不是老闆內野陽平本人，不然一定會認出那留在記憶中「3 CAFÉ」的溫柔臉龐。

這個訊息讓 Milly 興奮無比，因為從此「3 CAFÉ」的美好早餐回憶就得以延續。

可惜因為空間限制，美味的現作法國吐司已經不能重現，一早7點～9點之間，小杯100日圓、中杯200日圓的時間限定特惠Good Morning Coffee，還是一種早起才得以擁有的特權。若嫌單喝咖啡太無趣，配上該店自信的香蕉Muffin，或許也是一種不壞的度假中早餐模式。

INFO

THE GOOD GOODIES
鎌倉市御成町10-1
7:00～19:00（週三和每月最後一個週二定休）
www.facebook.com/THEGOODGOODIES

●「PANDA BAR」的小酒館早餐

在進入御成商店街上的「PANDA BAR」吃早餐之前，多次路經時早已留意到店前放置的早餐MENU立板。只是從外觀判斷「PANDA BAR」怎麼都不像一早會供應早餐的餐廳，畢竟不論

是從店內散發出的氛圍和店名都顯示，這是入夜後喝杯酒吃小菜的西班牙酒吧。

資料顯示「PANDA BAR」的確是以鎌倉野菜為食材料理Tapas小皿下酒菜，提供比利時啤酒、自然派紅白酒的西班牙酒吧。

可是每回經過，那顯眼的紅色早餐立牌都依然堅持存在，最後抵不過好奇，終究還是在上午8點開店後不久進去一探究竟，並順勢完成了罕見地在酒吧吃西班牙風味早餐的體驗。即使在透亮陽光下，擺放著各式酒樽、整支生火腿、一整排酒杯的狹長吧台空間，依然能感受到夜晚酒吧的異國情調。

8點～10點30分的早餐時間，同樣本著鎌倉幸福早餐精神，500日圓早餐包含果汁、咖啡、起司火腿熱三明治。想要更西班牙風味，還可以選擇麵包配上Chorizo（西班牙紅椒味肉腸）。

這樣在風味不錯的吧台吃著不論是氣氛和風味都絕佳的早餐，莫名的突然會幻想起，如果有天入夜後來此喝杯酒放鬆一下或許也不錯。

INFO

PANDA BAR

鎌倉市御成町 5-41

早餐 8:00～10:30、午餐和 BAR15:00～24:00，週六日～23:00（週一定休）

●「CAFE RONDINO」的老鋪懷舊早餐

如果滯留鎌倉的時間有限，活動的範圍又只能在鎌倉車站周邊，但依然想在緊湊行程中享用鎌倉風味的早餐，那麼位在鎌倉車站西口旁，御成商店街入口邊上的「CAFE RONDINO」或許就是最好的選擇。

「CAFE RONDINO」從 1967 年開始營業，儼然已經是鎌倉人生活的一部分，至今每天依然有著不少常客，在這裡看著報紙吃著簡單卻不會背叛美味記憶的咖啡、吐司早餐開始每一天。

在 365 天每天準時 7 點開店的「CAFE RONDINO」，跟很多遊客一樣，Milly 也同樣在上午摻雜在老客人之間，吃著烤得恰到好處的黃金色吐司，喝著以印有 RONDINO 1967 字樣咖啡杯端

上的黑咖啡。在義式咖啡機盛行的現在，「CAFE RONDINO」依然是以 siphon 虹吸式咖啡壺熟練手工沖泡，於是咖啡熱度總在絕佳狀態。

在這老鋪咖啡店內沒有過多的花俏或包裝，一切美味和品質都是如此理所當然，不過這可是在時間累積和即使是小細節也不妥協之下累積的理所當然。

吐司理所當然的烤得恰到好處、馬鈴薯沙拉理所當然的美味家常、咖啡理所當然的甘醇好喝，所以才能這樣讓人安心。

INFO

CAFE RONDINO

鎌倉市御成町 1-10

7:00～22:00、週六日假日～20:00

●「HOA CAFE」的夏威夷風情海濱早餐

在面海的「HOA CAFE」露台享用早餐，真的很有鎌倉……該說是很有湘南海岸風情。

的確「bills 七里ガ浜」同樣可以眺望著晨間閃閃發亮的海景享用早餐，但 bills 畢竟還是比較像國際都會東京近郊海岸度假區的小時尚潮流咖啡屋。

「HOA CAFE」位居觀光客動線之外的材木座海岸，又更貼近本地人生活圈，那自然而生的海濱悠然步調，讓人置身其中也短暫擁有了「日常中理所當然有大海存在」的小幸福。

搭乘江之電於「和田塚」站下車後，順著住宅區依照地圖往海岸上的「HOA CAFE」前去是網路上建議的路徑。想走少點路，則可在鎌倉車站搭乘巴士於「材木座」站牌下車。

Milly 推薦的則是將時間安排得寬裕些，選擇意外距離海灘很近的江之電「長谷站」下車，之後趁著晨間還不至於炙熱的空氣，順著海濱步道路徑，時而從海堤看去海面上的衝浪人、時而走下

海灘、時而眺望江之島方位的富士山。不去太計較路程長短，只是帶著好興致走去「HOA CAFE」。

儘管如此還是要提醒，鎌倉的海岸視野頗有風味，可是沙灘不夠漂亮海水也未必湛藍，海岸餐廳、咖啡屋即使面海，中間都阻隔著卡車、貨車往返的134號公路，單單順著公路旁的步道走著未必愉快，建議可以不時下去沙灘走走，更貼近海浪撲岸的節奏、更清晰聽著海鳥的聲音、更自在的與迎面而來慢跑遛狗的居人擦身而過。其實距離倒也不致於太遠，即使走走停停從「長谷」下車，40多分鐘後就可來到面向海岸設有木製露台的「HOA CAFE」。甚至有人計算過，即使餐後回程嘗試步行至鎌倉車站，也不過是30分鐘以內的距離。

「HOA」是夏威夷語「朋友、夥伴」的意思，有說「HOA CAFE」很類似夏威夷小島的海岸咖啡屋，Milly沒去過夏威夷不能共感，只是店內外放置的衝浪板和販售的夾腳拖鞋、鮮豔花色短褲，的確是有著海濱度假地咖啡屋的模樣。

「HOA CAFE」原以手工甜甜圈被大家所熟知，早餐點份偏愛

口味的甜甜圈配上咖啡是絕對的基本款，不過更人氣的早餐是放入多種水果、核果、雜麥等講求健康的「アサイーボウル（Acai Bowl）」，含飲料的「アサイーボウル＋ドリンク（Acai Bowl with Drink）」SET是1000日圓。

只是端上來模樣讓人雀躍的「アサイーボウル」，一口吃下去居然是「冰」的，口感像是吃水果冰沙。原來那類似莓果冰沙的神祕成分是「Acai Berry（巴西莓）」，是擁有高抗氧效果的保養聖品。因為生長在亞馬遜原始雨林，所以進口時多以冷凍方式保存，並多打成冰沙。一早吃如此冰涼的東西多少有些違合感，不過如果是在炎熱夏天就勢必有不同的舒暢。

「HOA CAFE」在一大早7點就開店，是清晨海灘散步後時間連結恰恰好的早餐選擇。

INFO

HOA CAFE

鎌倉市材木座6-4-24・7:00～17:00、週五週六～20:00

www.facebook.com/kamakurahoacafe

●「midi à midi」的美味出爐麵包早餐

「midi à midi」位在複合施設「湘南T-SITE」內，是由表參道人氣麵包店「パンとエスプレッソと（BREAD,ESPRESSO &）」企劃的姊妹店，也是在「湘南T-SITE」內除了星巴克外，於上午8點一早可以享用早餐的咖啡屋。

既然是「BREAD,ESPRESSO &」企劃的咖啡店，自然早餐菜單內的選擇不會少了大人氣、以該店自信吐司麵包製作的鐵鍋法國吐司。

Milly首次前去的確也是毫不動搖就選了熱騰騰端上，吃時淋上蜂蜜的「デニッシュ風フレンチトースト（鐵鍋法國吐司）」。只是再次前去時就冷靜的改為選擇更能品味到吐司原味的厚片吐司早餐「モーニングトースト」。品嚐後認為是讓人更著迷的好滋味，大大推薦若是「吐司控」就千萬別錯過。

據知由麵包職人櫻井正二認真監督烘焙的吐司麵包，會依照當日氣溫、濕度來調節酵母、麵粉和水的成分和比例。這樣用心做出的吐司存在感十足，即使什麼都不抹上，單單這樣吃已經充分

美味。

「midi à midi」在店頭設有每日定時新鮮出爐的麵包，如果住宿在周邊商務旅店或是 Guest House，就可以在這裡採買隔日早餐的幸福麵包。

或許是太多人不知道「midi à midi」與「BREAD,ESPRESSO &」的關係，於是在開店一段時間後，於 2015 年 11 月 1 日大膽決意將原來的店名「midi à midi」直接更改為「BREAD,ESPRESSO & 湘南」。

INFO

BREAD,ESPRESSO & 湘南（midi à midi）
藤沢市辻堂元町 6-20-1 湘南 T-SITE 2号館 1F
10:00～20:00，週六日 8:00～20:00

Part. 2

◆

鎌倉車站前後左右走一走

JR鎌倉站和江ノ島電鉄（江之電）鎌倉站，建構在同一位置上且可在站內透過票口互通，車站規模上當然是JR大過江之電。

被選為關東車站百選之一的JR鎌倉站，有「東口」和「西口」兩個出入口，江之電鎌倉站則只有一個面向西口廣場的主要出入口。

鎌倉東口的鴿子傳奇

JR鎌倉東口算是車站正面（當地人稱是「表口」），東口站前廣場有迴轉車道和頻繁發車的巴士月台。出了東口在左手邊是具有地標風貌的紅色鳥居，這鳥居原是作為「鶴岡八幡宮裏参道」的入口，但也同時是「小町通り（小町通商店街）」的入口。

在鳥居旁有熟悉的點心鋪「不二家」和販售鎌倉代表性名產「鳩サブレー（奶油鴿子餅乾）」的老鋪「豊島屋（豊島屋 鎌倉駅前扉店）」。

豊島屋 鎌倉駅前扉店

說到鎌倉最直接的印象聯想是鶴岡八幡宮、鎌倉大佛以及「鳩サブレー（奶油鴿子餅乾）」。「鳩サブレー」早被列入鎌倉必買伴手禮，在鎌倉站周邊總可見到遊客提著畫有白色鴿子的「豊島屋鳩サブレー」嫩黃紙袋。

多數遊客會選擇於位在若宮大路的本店購買，不過不少人也會就近在東口旁的「鎌倉駅前扉店」採買。

只是老鋪「豊島屋」近年動作頻頻，創新活力完全不像是超過百年歷史的老店。

在第四代當家主人革命性的企劃下，於2014年12月重新裝潢開幕的「豊島屋 鎌倉駅前扉店」居然也開始賣起了麵包。

看起來似乎有些不務正業，其實在二次大戰時期，製作點心的糖、麵粉取得不易，於是不得不停止製作販售。可是烤爐等設備就這樣空下來也不是辦法，於是接受了國家託付開始製作起配給麵包。雖然之後「豊島屋」停止了麵包烘焙專注回本業糕點，為

感懷往昔物資不充足時的努力，於是才想恢復麵包的製作。

目前「豊島屋 鎌倉駅前扉店」的一樓，除了販售「鳩サブレー」等銘果伴手禮的區域，還有風貌完全不同的麵包販售區。

嘗試買了培根起司麵包和烙印有鴿子圖樣的吐司，意外的？或是該說是沒有意外的，有著認真麵包店該有的美味和水準。

買了剛出爐的香噴噴麵包，可以直接前往擺放有桌椅、茶水的二樓麵包工房享用，想要用餐則要再上一樓利用咖啡店「パーラー（Parlour）」。「パーラー」的豬排三明治很好吃，燉煮牛肉同樣道地。

「豊島屋」第四代當家主人的革命沒有在賣麵包後停止，2015年4月又在本店斜對面的位置，開了間以洋風蛋糕為主的「豊島屋洋菓子舗 置石」。店鋪一樓販售閃電泡芙、蒙布朗等精緻洋風糕點，二樓是可以吃到「置石MIX冰淇淋」的咖啡屋，三樓還開設了洋菓子教室。

真不知四代目給大家的下一個驚喜是什麼？

傳聞「豊島屋」已經買到了三個鎌倉海岸的命名權，甚至一度

豊島屋與鴿子的親密關係

豊島屋於 1894 年創業，最人氣的商品無疑就是鎮店之寶「鳩サブレー」。這看起來不起眼的「鳩サブレー」餅乾，卻佔了該企業 70%以上的營業額，每天賣出十萬個以上。只是為什麼要做成鴿子（鳩）模樣呢？根據店家的説法，鶴岡八幡宮境內有很多鴿子，同時鶴岡八幡宮的「八」字也正是以兩隻面對面的鴿子為形象。初代店主在鶴岡八幡宮參拜時得到了靈感，於是就做出了現在「鳩サブレー」百多年來沒變過的樣式。除了這「鳩サブレー」外，小小一粒鴿子模樣的「小鳩豆楽」更加可愛。

若宮大路的本店內有著不少歷代當家收藏的鴿子擺設、藝術品，也販售各種本店限定以鴿子為設計的周邊商品，像是鴿子形狀的迴紋針、橡皮擦等等。

荻原精肉店

試圖要將其中一個海岸命名為「鳩サブレー海岸」？

可是，事實卻是剛好大大相反，原來「豊島屋」買下這三個鎌倉海岸命名權，是為了「保護」這三個海岸不被惡意商社購買後亂改名字。

知道了這個「豊島屋」愛鎌倉的義舉，不少鎌倉人還因此感動的立刻前往買了他們的甜點作為感謝。

INFO

豊島屋　鎌倉駅前扉店

鎌倉市小町 1-6-20

7:00～19:00、週六日假日 9:00～19:00（週二公休）

www.hato.co.jp

接著從JR鎌倉站廣場直走約50公尺，就到了紅綠燈口的「鎌倉駅入口交叉點」，同時進入通往鶴岡八幡宮的「若宮大路」。但是不走大路改從站前廣場右邊（鳥居反對側）的小路進去，則可以看見更貼近地方的風味角落。

首先可以看見超市「東急ストア」對面有間格外突顯，外觀全然不像是傳統肉鋪的「荻原精肉店」。這間甚至連料理家都指名光顧的老牌肉鋪，以日本國產牛、大山雞肉、精選肉品和叉燒肉、肉凍等熟食受到地方的熱愛。

開店超過六十年的肉鋪老店在 2012 年經由設計師規劃重新裝潢，至此除了老顧客外也開始吸引了年輕一代的消費群。

從荻原精肉店旁的小巷弄進去，有間 1924 年開店至今的老鋪定食屋「淺草食堂（あさくさ食堂）」。淺草食堂一早 6 點開始供應的傳統家常和風早餐，包含荷包蛋（雞蛋還可以選擇是火腿蛋、生蛋或溫泉蛋）、放入鎌倉野菜的味噌湯和大鍋炊煮的白飯。

這豐盛早餐才不過是 380 日圓，120 日圓的咖啡還可以無料續杯，因此同樣被列入「鎌倉早餐幸福計畫」的祕密基地。

從荻原精肉店直走不久，立刻會被眼前字樣斑駁「丸七商店街」的招牌給吸引。

這「丸七商店街」堪稱是鎌倉最 Deep 的角落之一，短短的彷

佛被時代遺忘的商店街內，除了兩、三間散發出詭異氣息的二手店外，卻是暗藏著行家美食的寶庫。

像是可以吃到美味海鮮咖哩和意想不到食材的飯糰專賣店「茶女」、招牌畫上藝術圖案的庶民居酒屋「天昇」和當地主婦日常光顧購買鮮肉、熟食和馬鈴薯沙拉等的肉鋪「肉の大成」。

其中最值得留意的是位在「肉の大成」旁邊，跟商店街昭和氣氛大異其趣，經常被日本媒體介紹的美式派餅麵包屋「ChiCChiRichi」。

店主在美國奧瑞岡州出生長大，也曾經做過義大利餐廳的廚師。開店同時就銷售一空的大人氣蘋果派，是居住美國時跟鄰居老奶奶學的作法，所以名稱就取自老奶奶成為「Mary Husted's Apple Pie」，一塊蘋果派會放入將近一公斤的蘋果。

同樣晚去就絕對買不到的義大利風味「カルツォーネ（calzone、披薩餃）」，最人氣的是放入新鮮扇貝的口味。

ChiCChiRichi

INFO

荻原精肉店・9:30～18:30（週日公休）

淺草食堂・06:00～20:00（週二公休）

茶女・16:00～21:30，週六日 11:00～14:00　16:00～21:30（週一公休）

天昇・16:30～22:00（週一及每月第三個週日公休）

肉の大成・10:00～18:30（新年期間公休）

ChiCChiRichi・10:00～賣完（通常是下午3點前）（週一二公休）

HOTEL NEWKAMAKURA

OKASHI 0467 GIFT

鎌倉西口的迷人小店

JR鎌倉的東口和西口，在車站內有通道相通，在車站外則必須利用「豊島屋 鎌倉駅前扉店」旁的地下通道互相來往。JR鎌倉西口被當地居民稱為「裏口」，出了車站的右側是放置了鎌倉舊站時期「時計台（鐘樓）」的時計台公園。左側則是江之電的唯一出入口，再往前走些，就進入了愈來愈多風味個性店鋪的「御成商店街」。

從西口直走是「鎌倉市役所前」「紀伊國屋超市」所在位置的筆直林蔭大道「市役所通り」，順著市役所通り步道通過隧道，可以一路走去「銭洗弁財天」。從西口直走於「市役所前」的紅綠燈右轉，則是同樣沿路不少人氣店家的「今小路通り」。

西口比較容易被觀光客忽略的是，從不大的時計台公園繞入，經過腳踏車停車處後踏入的鐵道旁沒有名稱的小路。

在轉角口最先看到的是外觀摩登時尚的「0467」系列甜點禮品屋「OKASHI 0467 GIFT」，

再往前走些是經常被用來作為廣告、雜誌、電影拍攝場地，但依然現役營業中的復古度假風 HOTEL「ホテルニューカマクラ（HOTEL NEWKAMAKURA）」。

1924 年興建的 HOTEL NEWKAMAKURA 本館已有超過九十年的歷史，建築本身還被指定為鎌倉市景觀重要建築物。

同條路徑上還有以南法度假地別莊為建築印象的老鋪洋風糕點咖啡屋「LESANGES」，這也是 Milly 初次來到鎌倉時進去的第一間咖啡屋。當時從到達鎌倉的電車下來後，站在月台正好就看見這面向鐵道的咖啡屋，立刻被那由綠意花草環繞的歐風建築給吸引，於是出了車站就繞路前去，如果沒記錯還意外迷了路，明明就在鐵道邊卻怎麼都繞不過去。

儘管現在的鎌倉充滿著各類時尚摩登的點心店，1982 年開店的「LESANGES」販售的正統歐風甜品，依然是鎌倉優雅婦人們的最愛。

在「LESANGES」和「HOTEL NEWKAMAKURA」之間，近日出現了幾間低調的隱密小店，像是面向鐵道位在二樓的清新日式女子小食堂「sahan」、以作家手工雜貨和歐風古董道

SÔNG BE CAFÉ KAMAKURA

L'intimité

具為主的可愛雜貨屋「moln」以及以肉料理自信的歐風小酒館「L'intimité」。三間都是列入期待名單，但是尚未完成體驗的據點。

在通過「LESANGES」「YMCA」後，是每回來到鎌倉幾乎都會去確認是否依然存在的越南風貌咖啡屋「SÔNG BE CAFÉ KAMAKURA」，甚至是當坐上列車離開鎌倉時，也會在月台或是車廂內越過車窗確認。

可喜的是，即使偶爾遇上他們恰巧在整修或是短暫歇業，還是不時可以從不同資訊獲知，這間於2001年開始營業的咖啡屋持續積極參與鎌倉的轉變。

像是不時在店前舉行地產蔬菜有機小市集、開始一早提供亞洲風清粥早餐、於2014年停業半年多後於2015年5月再次營業。

記得上一回在SÔNG BE CAFÉ度過的午後時光，是配合著店內亞洲村屋情調，點了杯自家製冰鎮梅酒附上越南風味醋醃青木瓜。

從SÔNG BE CAFÉ旁巷口左轉，有間店前放置著禪意盆栽的雜貨服飾店「chahat」。

Chahat

SÔNG BE CAFÉ KAMAKURA

以chahat為轉折點左轉進去一旁的小路，會經過一兩間舊書店，刀劍鋪「正宗孫刀劍鍛治」、很有味道的當鋪「扇屋」和隱藏版住宿設施「Villa Sacra」。

Villa Sacra是一間將八十年以上歷史的古民家改建，以和風現代藝術、日本傳統藝術去營造氣氛的精品HOTEL，房間有日本畫家石田紫織參與的「華の間」、消しゴムはんこ（橡皮擦印章藝術）作家津久井智子設計的「鶴の間」等六間風味各異房型，住宿費用是一間兩人住宿8000～16000日圓。

在Villa Sacra對面，是幾次嘗試都無法順利入內享用午餐的「OSHINO」（因為都沒預約，只是想考驗緣份）。

通過這段短短巷道就進入了今小路通り，由此右轉可以繞路前往「鶴岡八幡宮」、直走可以繞路前往「銭洗弁財天」、左轉可以前往「御成商店街」「鎌倉車站」和「市役所通り」。

扇屋

OSHINO

Villa Sacra

INFO

OKASHI 0467 GIFT・10:00～19:00（不定休）・kamakura0467.com

LESANGES・10:00～19:00（無休）・www.lesanges.co.jp

sahan・11:30～21:00（週三及每月第二、四的週日公休）・sahan-etc.jp

moln・11:00～18:00（週一二公休）・cloud-moln.petit.cc/pineapple1

L'intimité・12:00～18:00、週六日 12:00～14:00、18:00～20:30（週一公休）

bistrolintimite.com

SÔNGBÉ CAFE KAMAKURA・11:00～20:00（週一～三公休）

song-be-cafe.com

Villa Sacra・villasacra.com

OSHINO・11:30～14:00、18:00～22:00（不定休）

www.bistro-oshino.com

Part. 3

以非定番的私我路徑散步，目標定番的「鶴岡八幡宮」「銭洗弁財天」

路徑。
不單單是一種走法、更是關乎態度。
隨意的、直覺的、有時莫名的果斷又堅持的。一股勁的只是向前、停下來好奇緣份的巧妙、轉個彎繞個路顛覆曾經的絕對。

應該第二次重遊鎌倉？或是換個更溫和些的說法，大概是第三次再次踏上鎌倉，將鎌倉定番（定番：ていばん。基本的、被多數人認知的。相反詞是非定番。）的觀光點都徹底的走了一回後，就開始刻意的避開觀光點。

只是明明已經刻意避開觀光點，卻總是走著走著又朝向「鶴岡八幡宮」「銭洗弁財天」方位走去，只能說畢竟這些觀光點自古以來就是鎌倉生活和精神軸心，刻意避開反而不自然。

於是開始琢磨出另一個品味鎌倉的角度，不是刻意迴避觀光客擁擠的觀光據點，而是以自我愉悅的路徑，繞路前去終點的觀光地，當開始「讓過程變成主角」，就從此每回都能在路徑上有新發現。

鎌倉はちみつ園

壽福寺

去鶴岡八幡宮

以往Milly最偏愛的一條「繞路」，是從鎌倉站西口出來後右轉，沿著「HOTEL NEWKAMAKURA」所在鐵道旁的小路，轉向大路「今小路通り」。

之後順著今小路通り往「壽福寺」方位走去，沿途的蜂蜜店「鎌倉はちみつ園」、手工果醬專賣店「Romi-Unie Confiture」，是必定進去晃晃的美味小舖，在確認偏愛的二手店「GARAGE」時，也不忘好奇著販售綿布和布雜貨的可愛小舖「Fabric camp」和手作鎌倉風味圖案的手巾、布包、T恤店「ゆる波」。

即使沿路未必有充分的新據點可以流連，光是不同季節裡沿路綻放的花草已經充分讓人好心情。

最後有時會憑著鐵道平交道聲音的方位，提前轉入往「鶴岡八幡宮」方向的商店街，更偏愛的是選擇在到達「壽福寺」「鎌倉八坂神社」後，右轉通過平交道走進古意小路，接著慢慢走向「鶴岡八幡宮」裏側。

每當似乎有些方向迷亂時，路旁就會出現指引「鶴岡八幡宮」

Romi-Unie Confiture

店前掛著紅色湯匙圖案的手工果醬專賣店「Romi-Unie Confiture」，販售著各種口味的果醬、濃縮果汁和糕餅點心。不論何時踏入店內總可以聞到從一旁廚房透出的甜蜜香氣，光是這樣已經讓人有如繪本中的小熊一樣雀躍。

果醬的種類多到讓人不知從何著手，好在可以適度的品嚐選擇偏愛的口味。

不想買太多以免增加行李重量，建議選擇極為可愛、最小包裝的一餐份量「プチジャム（Petit Jam）」，隔日在 HOTEL 配著散步路徑上麵包屋買入的吐司享用。

想品嚐該店自信的季節限定風味果醬，也可以在現場買份包入果醬的麵包或是在一旁小屋現烤的可麗餅享用。

2015 年 9 月「Romi-Unie Confiture」從開店十一年多的今小路通り原址移轉到靠近八幡宮「二の鳥居」，「豊島屋本店」對面的若宮大路上，交通動線方便很多，只是讓日後繞路前往八幡宮的樂趣又少了一項。

鎌倉市小町 2-11-15

10：00～18：00（除夕、新年外無休）· www.romi-unie.jp/confiture

的指標，迷路的危險也大大減低，這也是為什麼設定亂走、繞路時，終點還是要設定為主要觀光地的隱藏理由。

去銭洗弁財天

同樣偏愛的繞路路徑是在前往「銭洗弁財天」時，捨棄從鎌倉西口沿著市役所前大馬路直走，通過氣派隧道「御成トンネル（御成隧道）」，登上有些吃力的坡道，穿過宇賀福神社洞窟的20多分鐘路程正統路線。

而是在天氣晴朗溫度適當的日子，以適度健行步調，從今小路通り上設有紅色「壽福寺」「銭洗弁財天」三角路標的巷口進入，首先會通過全黑時尚外觀的文具精品店「TUNURU」，之後一路向前進入安靜雅緻的宅區，當見到以大粒糯米丸子蜜豆冰出名的「茶房雲母」時，就意味著「佐助トンネル（佐助隧道）」在眼前了。

通過小小的佐助隧道後繼續直走，看見路口正對以「葛切（涼粉）」大人氣的和風甜品茶屋「みのわ」時，就準備右轉接上往

TUZURU

在 LINE、Mail 和簡訊通達的網路時代，TUZURU 卻是很罕見以「寫信」作為店內精選文具主題。店內設置了小小的咖啡屋空間，讓突然想寫封信給思念朋友的人，得以喝著咖啡享受著揮筆寫信，這已經幾乎遺忘的樂趣。寫好信後還可以貼上郵票，投入店家特製的紅色郵筒內。

店主材田亮治的品味絕佳，以英國老書店為印象的店內，擺放著從世界各地收集的鋼筆以及雜貨小物。

鎌倉市扇ガ谷 1-1-4

11：00～18：00（週三定休）

銭洗弁財天

銭洗弁財天的全名是「銭洗弁財天宇賀福神社」，一般也會更簡稱為「銭洗弁天」。傳説平安末期鎌倉災禍不斷民生疾苦，幕府將軍「源頼朝」於夢中見到「宇賀福神」，並指點他，只要撈起靈水建個神社供養天下，自然會太平祥和。其弟源義經依著指示去做，果然使眾民度過困境，傳説中供養靈水的神社正是「銭洗弁財天宇賀福神社」。而後鎌倉幕府第 5 代執權「北条時頼」更用這靈水來洗錢，同樣得到祈願的繁榮興旺，於是用這裡的靈水來洗錢便可以獲得財富的説法，就這樣一代代的流傳下來。

來到銭洗弁財天要怎麼洗錢？現場有圖示教導，學著一旁的日本人照著做也是方式之一。要洗多少錢完全看自己的企圖（笑），不單是銅幣可以放在竹籃洗，千元紙鈔、萬元紙鈔也沒問題。而且似乎並非只能洗日圓，各國錢幣紙鈔同樣 ok。

青葉寮

佐助稲荷神社

「銭洗弁財天」的主要路線。

依然不甘願一路直通走去「銭洗弁財天」，則可以依照指示牌於途中右轉以「佐助稲荷神社」為目標前進，會這樣選擇多少也是因為往佐助稲荷神社的指示牌上，有著「銭洗弁天財の近道あります（有銭洗弁財天的近道）」字樣。

在分歧的交叉口旁會看見一棟外觀惹人好奇，大門深鎖的古老洋宅「青葉寮」，路過的人都難免好奇甚至拍下照片，但似乎不過是私人大宅院。

前往幽靜的佐助稲荷神社必須爬上略陡的坡道，穿過一個個斑駁的紅色鳥居。濃密的綠意襯托著紅色的鳥居，莫名顯出無法掌控的神祕感。

從佐助稲荷神社階梯一路登高，之後就會接上往「銭洗弁財天」的路徑，據說還可以連接上往「鎌倉大佛」的健行步道，不過若是沒有穿戴上健行的裝備或是路徑不能掌握時，不建議輕易嘗試。

從銭洗弁天返回鎌倉站路徑不再繞路改走大道，在通過「御成隧道」之前途中會經過三浦蔬菜、有機水果屋「sasuke store」，可以吃到少見「こまめ黒かん」的和風茶屋「こまめ」。通過御

星巴克鎌倉御成町店

成隧道之後，會經過以漫畫家橫山隆一宅邸原址改建，有著可面對別莊泳池席地而坐的露天座位，櫻花盛開季節尤其讓人流連的星巴克概念店「鎌倉御成町店」和綠意豐饒的「GARDEN HOUSE」。

這幾間途中的小歇據點Milly都很喜歡，會依季節和時間帶來利用。如果是冬天自然會想去茶屋「こまめ」，吃碗該店以生薑、紅糖、洋菜等特製的「黒かん」，而夏日走了一身汗，水份大量流失時，就真是沒有比來到「sasuke store」喝杯現打冰涼蔬果汁更身心舒暢的事情了。

INFO

こまめ
鎌倉市佐助 1-13-1
11:00～18:00（週二、每月第三個週一公休）・komame-kurokan.jp

星巴克鎌倉御成町店
鎌倉市御成町 15-11・8:00～21:00

sasuke store

店主井上靖彥迷上充滿活力光彩的三浦半島地產食材，於是不惜從東京移居湘南，開設以三浦蔬菜為主力的蔬菜店。

在營業分類上sasuke store算是蔬菜店，不過不大的店內除了擺放以「現採現摘現撈、現在吃最好吃」為宗旨，來自三浦半島的新鮮蔬果和鮮魚外，玻璃櫃內還有提供外帶的歐風熟食、醃菜，自世界各地蒐羅的啤酒、調味料，甚至還可以喝到現打蔬果汁。

從這樣的用心和規模來看，sasuke store 已經不單單是蔬菜店，說是很有想法的「食材精品店」更為貼切。

現打蔬果汁中，最熱門的是「三浦の旬野菜スムージー（三浦當令蔬菜 SMOOTHIE）」，Milly 怕喝到健康草青味，改為選擇季節限定的桃子 MIX 柑橘 SMOOTHIE。

SMOOTHIE 比果汁濃稠且風味更濃郁，也有說法指說這是不摻水的果汁優格冰沙，但不放優格的情況偏多，因此中文可稱作「冰果泥」或「果蔬昔」。

鎌倉市佐助 1-13-7

10:00 ～ 19:00（週三定休）

Part. 4

清晨、雨日和入夜後的小町通商店街

從鎌倉站前往「鶴岡八幡宮」的王道路徑，是由東口進入「小町通り（小町通商店街）」，之後轉入「若宮大路」，踏上以「二の鳥居」為起點，種植著櫻花木的「段葛（鶴岡八幡宮參道）」進入「鶴岡八幡宮」。亦或是去程直接經由若宮大路、段葛，回程則經由小町通商店街，在享用午餐、購買名產後，返回鎌倉車站搭車離開。

不過話說在前面，Milly 承認一切都是偏見作祟，但要說到最想避開的鎌倉角落，除了從長谷站通往鎌倉大佛的沿路外，可能就要算是小町通商店街和若宮大路了。

總想盡可能避開這三個區段的理由，第一是人潮擁擠，再來就是幾乎所有的店家客層都是鎖定觀光客。

是觀光地區的店家，以觀光客為客層是天經地義，若是不偏愛的方位，選擇適度保持距離即可。可是就這樣全然避開也是可惜，尤其是在小町通商店街叉道小路上發掘了引領鎌倉新世代店家走出自我風格的「café vivement dimanche」咖啡屋後，更暗示著或許可更迂闊看待小町通商店的隱性魅力。

如因擁擠人潮而迴避，那麼就何妨選擇在人潮進入前和退去後，

探訪或許有著不同面相的小町通商店街吧。

例如，在觀光客還沒有湧入的午前時分，前往上午8點開店的「café vivement dimanche」享用專業好咖啡配上現做鬆餅的早餐。如是擅長早起的旅人，Milly更推薦不如一大早先跟著當地居民一起於「鶴岡八幡宮」清晨漫步，在透涼空氣中爬上大石段階梯。

從本宮前最高點可以俯瞰一整面，從舞殿延伸到段葛、若宮大路的廣闊風景。舒適的晨間散步後，再前往小町通商店街咖啡屋「vafe vivement dimanche」喝下的拿鐵咖啡，勢必格外芳醇美味。此外，400公尺長的小町通商店街內店家大多在10點半、11點後開店，相對來說以厚燒經典鬆餅擁有大人氣的老鋪「イワタコーヒー店（IWATA Coffee）」，則在10點就開店，利用這一大利點在開店同時進去，可以免去午後需要排隊入店的時間浪費。

11點過後小町通商店街開始陸續湧入從鎌倉車站出來的人潮，到了12點前後整條街的盛況就有如原宿竹下通般熱鬧，放眼看去都是人人人人。

因此小町通商店街的午餐選擇雖多，但多少還是讓人卻步。Milly於是只在平日、雨天、淡季的日子，選擇小町通商店街主動線外的橫切小路或是裏側咖啡屋用餐，同時盡可能利用1點半前後，用餐人潮已經開始減少的時段。

「OXYMORON komachi」的美器美味咖哩飯

「OXYMORON」位在小町通商店街稍稍繞入的隱密位置，儘管如此都已經避開了用餐時間，還是必須在門外登記姓名，等上將近30多分鐘才得以進入。好在可以在店內的雜貨、器皿展示販售空間消磨時間，等候入坐的二樓陽台更擺放有座椅，還貼心放有報導鎌倉的雜誌。

現場所見女性客人居多，更有趣的發現是，有的是夫婦一起前來，老公都已經等到快翻臉，太太卻依然堅持等下去。男女朋友一起前來的情侶檔，也可看出男子是完全為了討好女子才做陪。「OXYMORON」的確是女子偏愛的用餐空間，實際在此享用過非常美味的咖哩料理後，更加確認這是間女子會無條件愛上，男

生卻可能會在心裡小嘀咕的咖啡屋。因為餐食分量精緻，對女子或許剛剛好，對男生來說就略嫌不足。「OXYMORON」的全名是「OXYMORON カリーと甘いものと雑貨（OXYMORON 咖哩、甜品、雜貨）」，咖哩是料理的唯一主軸。菜單上除了招牌的「エスニックそぼろカレー（異國風肉燥咖哩）」「キーマカリー（Keema Curry、乾燒絞肉咖哩）」外，每天還會有不同口味、季節限定的「本日咖哩」。

Milly 點的「エスニックそぼろカレー」以色澤漂亮的澀綠色平盤端上，在美麗器皿的烘托下咖哩飯也格外美味。「エスニックそぼろカレー」放入了細切蔥花、紫蘇和三葉菜等原是佐料的食材，本以為會太有個性太搶味不好入口。跟著咖哩略為攪拌後一口吃下，意外還頗清香順口。

OXYMORON 的咖哩強調每一份都是以小鍋分別料理，所以比較花時間但也相對風味確實。店內使用的品味餐盤，是由日本知名手作餐具工房「イイホシユミコ（yumiko iihoshi）」，特別為了「OXYMORON」所設計訂做。

OXYMORON 於 2015 年 8 月，在 JR 鎌倉站西口紀伊國屋

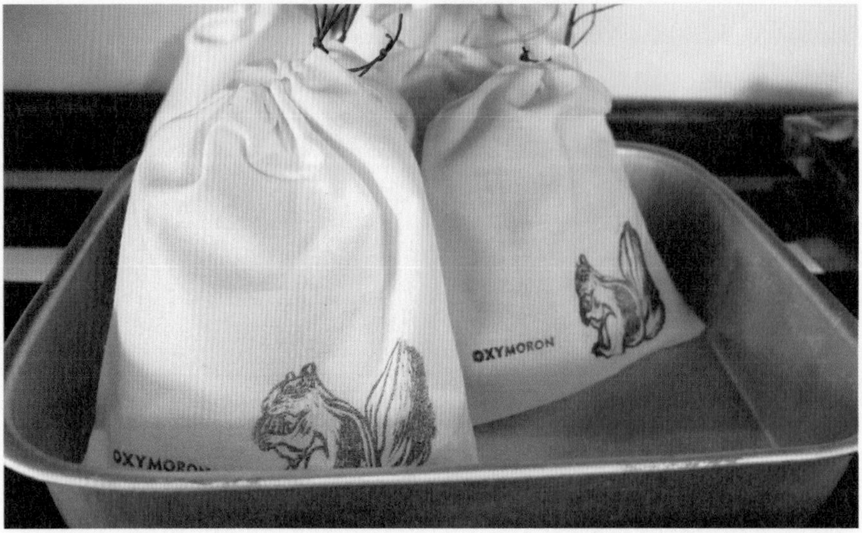

超市的後方開設了分店，從此位在小町通商店街的本店稱為「OXYMORON komachi」，分店則稱為「OXYMORON onari」，菜單方面，分店每日只提供招牌的「エスニックそぼろカレー」和「キーマカリー」兩種選擇。

INFO

OXYMORON komachi
鎌倉市雪ノ下 1-5-38 2F
11:00 ~ 18:00（週三定休）

OXYMORON onari
鎌倉市御成町 14-1
11:00 ~ 19:00（週二定休）

www.oxymoron.jp

「Brasserie 雪乃下」的歐風魩仔魚料理

法國餐廳「Brasserie 雪乃下」的招牌菜單，是以當日撈獲新鮮魩仔魚料理，經由法國料理主廚擺盤、調理的「釜揚げシラス丼」。「釜揚げ」是將魩仔魚川燙過撈起保持原味的調理法，「Brasserie 雪乃下」更將魩仔魚烹調出煎與煮兩種口感，再利用清爽番茄、半熟蛋提味，附上醋、橄欖醬油、柚子胡椒美乃滋沾醬的這道洋風「釜揚げシラス丼」，不論是風味和樣式都讓人滿意。

INFO

Brasserie 雪乃下
鎌倉市小町 2-7-27 2F
午餐 11:00～15:00、咖啡 15:00～17:00、晚餐 17:00～21:00

●「MERCER CAFE BRUNCH KITCHEN」的都會時尚法國吐司早午餐

以法國吐司在東京街頭帶起風潮的紐約風早午餐專門屋「MERCER CAFE」，於 2013 年夏天在鎌倉小町通開設了黑色時尚外觀的分店「MERCER CAFE BRUNCH KITCHEN」。

MERCER CAFE BRUNCH KITCHEN 於上午 9 點開店，可以享用現煎法國吐司單品作為稍晚的早餐、也可以選擇開店到下午 5 點間均可點餐，以兩片法國吐司為主角配上熱食、蛋料理的招牌早午餐。

Milly 點的「Staub 鍋和牛ミンチとナスのトマト煮込み（鐵鍋番茄燉煮牛絞肉、茄子）」熱呼呼的端上，配上法國吐司來吃居然沒有預期中的不協調。

夏天店內熱門座位是露台區，冬天還會在店中央燃起爐火，似乎可以幻想出那有氣氛的畫面，也令人期待。

鎌倉的淡季存在嗎？

鎌倉一年有將近 2300 萬人次的觀光客進入，幾乎全年都是觀光旺季。人潮最多時期從新年期間（日本人新年去寺廟祈福）開始，之後是 3 月下旬的寺廟賞櫻季節、6 月底的繡球花盛開、7 月 8 月的湘南海灘夏日、11 月下旬的紅葉和銀杏秋色。避開這些時期鎌倉會相對人潮少些，不過海外遊客增加的農曆年期間和感恩節、聖誕節假期也必須列入考量。Milly 個人的淡季推薦，是在 1 月底～ 2 月底品味鎌倉冬日寧靜，5 月時環繞各寺廟的透明新綠同樣迷人。

可以留意的是，鎌倉的觀光客滯留時段意外的不長，觀光客大約從 11 點後湧入，大概到了午後的 5、6 點人潮就會如退潮般的快速散去。

INFO

MERCER CAFE BRUNCH KITCHEN

鎌倉市小町 2-6-28

早午餐 9:00 ～ 17:00、晚餐 17:00 ～ 22:00（週二定休）

小町通商店街愈夜愈美麗

「下午5點前的小町通商店街還是屬於觀光客的。」
「小町通商店街是晚上喝酒、吃飯的地方。」
「入夜後來到小町通商店街，能見到這商店街展現的不同面貌。」
鎌倉在地人這麼說著。

趁著住宿在鎌倉不用趕搭回程電車返回東京的日子，Milly首次在暮色漸漸低垂時分踏入小町通商店街，像是要證實以上在地人的說法一樣，一個多小時前還人聲沸騰的街道，已經只剩下零零落落在徘徊的觀光客，多數店家已經拉下鐵門，剩下為數不多的店家也忙著打烊。

往常沒有刻意留意的二樓、巷弄內餐廳此時燃起燈火，眼前小町通商店街散發出的陌生氣息讓人躍躍欲試。原本還殘留的些許遲疑瞬間消失，興致盎然的進入小町通商店街的第二部曲目中。

幾年前小町通商店街入夜後的美食選擇，多限於老鋪豐盛晚餐

Osteria Comacina

和居酒屋的媽媽手料理，近幾年來新世代料理人開始進駐開店，於是多了不少都會質感、好酒好食物的用餐空間。

Milly 鎖定的第一間淺酌餐廳「Osteria Comacina」，即是從前菜、主食、甜點和選酒都頗為精采的義大利餐廳。

主廚每日親自採購鎌倉野菜和食材，依著當日食材決定菜色，從每天手寫在黑板的推薦菜單，就可以窺看到主廚對料理的用心和熱情。

店內氣氛平實沒有大餐廳的拘謹，所以與其說這是間義大利餐廳，更適合說這是可以歡愉用餐的義大利食堂。

很喜歡從小町通走過時，抬頭望去位在二樓的 Osteria Comacina，一面格子窗戶燈火明亮的模樣。趕在開店同時進入店內，如願的佔據了怎麼都想擁有的窗邊座位，得以邊喝著酒邊從二樓看下路人群象。想著誰是歸途中的觀光客，誰是正開始進入美酒佳餚時光的當地人或是過客。

當晚有些貪心，想盡興的續攤。暫且將 Osteria Comacina 作為微醺路徑的助興起點，於是先點了 ROSE 粉紅酒，配上同樣顏色漂亮的前菜。

Osteria Comacina

Osteria Comacina

（註：Osteria Comacina 所在的雜居大樓內，還有以手工窯烤披薩為主的 Osteria Comacina 姊妹店「ブルールーム（Blue Room）」）

夜晚還長不想只停滯在一間美好中，即便似乎接下來才是 Osteria Comacina 客人陸續來到的活絡時段，Milly 卻已然按捺不住，前往另一間位在窄小巷道內，外觀不是那麼搶眼，但在鎌倉「微醺」愛好人心中地位超凡的「binot」。

尤其是這間位在往八幡宮路徑上橫切小巷周遭，還是昔日川端康成等文學大師往來頻繁的酒場，想到這點更讓 Milly 前去的腳步飄飄然起來。

據說店主阿部剛先生原本經營的是外帶熟食店「鎌倉惣菜」，後來在常客「如果能在這裡喝酒配上這裡的菜餚有多好」的期望和部分收益捐給 311 地震受災區域的促成之下，開始在每月的滿月日設置了「滿月ワインバー（滿月酒吧）」，就是在滿月這天，一個月出現一次的酒吧。

binot

想必是因為風評太好，不知不覺中熟食店就變成了現在的店名「binot」，副標為野菜料理とパンとワイン（野菜料理和麵包和酒）的小酒館，不變的是店內供應的依然是以鎌倉野菜為主的菜餚。

雖然 binot 已不單單在滿月才開店，但依然會在滿月和滿月前夜開設「滿月ワインバー」。在「滿月ワインバー」的日子，店內店外會變成更輕鬆的立食酒館，菜單也會大大不同。

日本現在有十多間酒店、熟食店、麵包屋餐廳也一同響應，每月一次，在滿月那日於店內開設「滿月ワインバー」。

binot 的下酒菜以鎌倉野菜為主，每道大約是 500 日圓～ 700 日圓不等。

Milly 點了灑上起司的當令水煮蠶豆和蕪菁、白桃涼拌（桃と蕪のマリネ、ミント風味，是該店必點的招牌名菜），都是風味清爽卻合酒的蔬菜料理。不過 binot 可不是「素食 BAR」，菜單上也有生火腿包蕪菁等料理。

店主明明很積極參與自然派酒的推廣，在店內卻多數待在廚房

binot

binot

煮食，侍酒的是總在擦拭酒杯的漂亮女子。基本上沒有固定酒單，每晚店內會準備兩～三種的紅、白酒，由女子詳細說明酒的特色，有時可以先試喝一點點。

杯酒也大約控制在 500、600 日圓價位。

店內不大，裝潢著重穩重色調，燈光柔和壓得低低的，整體來說就是大人質感的小酒館。

Milly 進去時是一個女子、一個中年男子各自坐在櫃台一端，之後一個女子前來，兩人似乎熟悉聊了一會，原來的女子離開後，後來又一女子同樣坐在櫃檯位上。

男人、女子繼續獨飲，包含 Milly 三人都是獨飲著，互相隱約意識著其他人點了什麼下酒菜、什麼酒，但是卻沒有對話。在這舒適安靜的小酒館內，唯一的對話只存在於三人與侍酒女店員之間。

有趣的是，這個平衡被之後來的兩位中年男子給打破。兩個中年男子一個很安穩一個很豪放，一個說話很小聲一個很大聲。本來多少有些掃興，以為兩人破壞了原有氛圍。

突然話題說到喧嘩男子原來是從居住了三十多年的美國西雅圖

海月

來的，另一個男子陪著他來到這間店，還是當夜的第三攤。

這時持續獨飲的中年男子，意外的加入話題，原來他也曾經在西雅圖工作了三年。Milly 也順勢加入聊天，頓時英文日文交錯，氣氛也一轉的熱絡起來。倒不是鬧酒的喧囂，而是愉快聊天的活絡。

Milly 聊到在這店喝了兩杯但酒性依舊，想要續攤。

今夜要趁興喝三攤，不知附近是否還有可推薦店家。

老闆在一旁聽見，居然就幫忙一間間打起電話，代為詢問週末依然可以入坐喝酒用餐的地方。最後不但幫 Milly 預約了位置，女店員還親自帶路來到掛著大燈籠的和風居酒屋「海月」，跟該店的店員說了緣由才揮手告別離開。

後來跟來自沖繩的女店員，利用空檔聊著離鄉背井來到都會的心情，喝著日本酒、吃著由她推薦的綜合下酒菜和從熊本直送的「生馬肉」。

那夜帶著微醺的腳步，情緒飄然的搭上江之電，返回位在江之電藤澤站的 HOTEL。

海月

曾斷言無法涉入的鎌倉夜晚，經由此次小町通商店街夜色中的續攤體驗，讓 Milly 得以窺看到鎌倉以往未曾認知的一面之外，感覺也更貼近了鎌倉的美好真實面一些些。

INFO

Osteria Comacina
鎌倉市小町 2-8-9 2F
午餐 12:00～14:00、晚餐 18:00～21:30（週二公休、不定休）

Binot
鎌倉市小町 1-5-14
18:00～23:00（週日公休）

海月
鎌倉市小町 2-10-11 2F
午餐 11:30～15:00、晚餐 17:00～24:00（週二公休）
www.kamakura-umizuki.com

Part. 5

御成商店街&由比ケ浜通的美好向上進行式

旅行未必是不斷追求新的目的地、而是找出一個地方的新視野。

Milly 的鎌倉最偏愛路徑，正慢慢轉移到相對寧靜，個性商店逐年增加，一路走著總能有著新發現、得以尋獲愉悅小歇點的「由比ガ浜通り」沿路。

慣性的路徑是從鎌倉西口出來後左轉，沿著御成商店街一直走到底，然後右轉進入由比ガ浜通り。

以下就是一路上帶給 Milly 愉快體驗的一些停滯點，你會說～天啊！怎能一次好奇這麼多店家，不是說要愉悅且緩慢的品味鎌倉?!

當然是要愉悅且緩慢的，畢竟品味鎌倉最美好的步調，始終都是要愉悅且緩慢。

會列出這麼多店家，正可以說明 Milly 有多偏愛這條路徑，多年來走了多少回這條路徑！每回一點點的去累積體驗，才能畫出屬於自己的鎌倉情緒地圖。

可預期的是，日後來到鎌倉依然會持續漫步由比ガ浜通り，這張以記憶和探索繪製的情緒地圖，也就持續的維持著「未完成」狀態。

THE GOOD GOODIES

COCO-GALLERY

御成商店街

從鎌倉西口出來轉入御成商店街，以一早7點開店的老鋪「CAFE RONDINO」早餐為起點，之後可以留意在咖啡屋對面，有間玻璃門上繪製清新插圖的店家，那是附設有陶器、寫真等展示空間「COCO-GALLERY」，經營鎌倉、葉山、逗子地區的不動產公司（房屋仲介）「COCO-HOUSE」。好幾回經過都有些衝動想進去詢問，如何可以租借兩、三個月的面海房間，得以奢侈的以鎌倉居民的身分「鎌倉再發現」。

通過COCO-HOUSE後在第一條巷道小路右轉，便可以看見同樣在一早7點開店，可以喝杯專業手沖精品咖啡的立飲咖啡店「THE GOOD GOODIES」。能在鎌倉車站附近發現如此高水準的清晨咖啡小歇站，讓早起的步調也變得輕快起來，更何況這裡在開店7點～9點半之間，清晨咖啡還提供了小杯100日圓的優惠價。

離開咖啡屋時，聽著店員帶著笑容說出的「よい1日を～

コクリコ

コクリコ

（have a good day）」，即使是旅人、過客，一樣瞬間湧出「今日必定是美好一日」的預感。

如果前來的時間已經接近正午，就建議繼續往 THE GOOD GOODIES 所在的巷弄走去，來到11點開店以古民家改建，與起司工房併設的披薩店「Latteria BeBe Kamakura」，吃一份使用弟弟起司工房的起司，經由哥哥的廚藝現做的窯烤披薩。

之後走回御成商店街，在右手邊有著綠色看板的可麗餅店「コクリコ（Kokuriko）御成町店」，左手邊則有以年輪蛋糕受到地方老顧客愛戴，店內設有喫茶空間的洋果子屋「チモト（chimoto）」和老鋪法國料理食堂「Bistrot Orange」。

Bistrot Orange 前身是午餐受到女性客層歡迎，於2005年開店的「Le Point Ouest」，假日經常是一位難求，Milly認識這間餐廳也是透過午餐的享用。2015年2月Le Point Ouest轉移位置，雖然同樣位在御成通商店街，不過店名就改成Bistrot Orange。趁著店名更動的時機不但將受歡迎的午餐菜色升等，

カフェ 鎌倉美学

Bistrot Orange

也加強了5點後晚餐時段的杯酒選擇和價位在400日圓上下的佐酒「小皿」料理。

在Bistrot Orange對面的三角口上，有間自家焙煎珈琲豆專門店「鎌倉コーヒー豆.com」，在這間店除可以買新鮮烘焙的咖啡豆、外帶咖啡，還推薦買一個自稱是日本第一的咖啡凍「水出し珈琲ゼリー（冰滴咖啡凍）」品嚐。

從位在三角口的「鎌倉コーヒー豆.com」左邊巷弄進去，會看見招牌漂亮華麗的咖啡店「鎌倉美學」和一旁的SCONE專賣店「DIAMOND CAKE」。

店名是「カフェ 鎌倉美学（咖啡屋鎌倉美學）」，多年來鎌倉當地居民則習慣把這裡定位為可以吃到西班牙小皿料理（Tapas）的南美小酒館。這間店也是日劇《最後から二番目の恋（倒數第二次戀愛）》最終回，女主角小泉今日子跟坂口憲二談分手的餐廳。

再次走回御成商店街從三角口對面小路走去，是有著美式雜貨、古著的「BIRD MOUNTAIN」和販售日本作家小器、布

KIBIYA BAKERY

KIBIYA BAKERY

雜貨的精品店「Queue」。

御成通商店街道路兩側和橫切的小路上，還有多間雜貨屋和服飾精品店，像是從英法進貨的古物、古着店「DEEP BLUE FICTION」、以貓咪為主題的「NABI」等等。

隨興逛著御成通商店街的雜貨店時，幾乎每回都會被巷口的貓咪圖案指標給提醒，那隱藏在暗路裡側好吃麵包屋「KIBIYA BAKERY」的存在。

如果恰巧遇上麵包出爐時間，更光是聞著從巷口傳出的陣陣烤麵包香，也會被吸引進去巷內。天然酵母麵包工房 KIBIYA 於 1948 年創業，麵包屋店名本來是「タカラヤ（Takaraya）」，在女兒接手後才改了這時髦英文店名。目前位在商店街暗巷內的是本店，在若宮大路還有間更清新感覺的「KIBIYA BAKERY 段葛店（Come va!）」。

KIBIYA 麵包屋烘培的麵包堅持使用石臼磨出的無農藥全麥粉、天然鹽，麵包整體來說賣相未必花俏，但口感紮實且愈嚼愈有滋味。

KIBIYA 坐落的位置的確不是太好找，建議可以三角口位置上的「鎌倉コーヒー豆.com」為基點，先找到對面外觀彷彿是歐洲小鎮小酒館，店前種植了橄欖樹的的西班牙酒吧「panda bar」和一旁的雜貨屋+咖啡屋「ComoriB * comoreB + みんなの slow cafe」，之後再走過對鎌倉人來說彷彿是心靈療癒據點般存在的老鋪酒屋兼立食居酒屋「高崎屋本店」，此時再留意立在巷口的貓咪招牌，跟著指引就可以尋獲 KIBIYA。

御成商店街不長，不分心的從有著雕花牌樓的入口走到與由比ケ浜大通交接的尾端，最多也不過是5分多鐘，可是卻有著多種消費選擇，而且不同時間點來逛還有著不同風情。

在到達由比ケ浜大通的街口時，可以留意一間幾時經過都是活氣滿滿的半露天青菜蔬果鋪「浜勇商店」，在人氣漫畫改編的電影《海街 diary（海街日記）》中，綾瀨遙所飾演的大姊「幸」經常來此買青菜和水果。

以浜勇商店為轉折點，選擇左轉就會進入前去「鶴岡八幡宮」的「若宮大路」觀光路徑，右轉則可以延續散步樂趣，進入個性店鋪一間接著一間的「由比ケ浜大通」。

鎌倉コーヒー .com

INFO

Latteria BeBe Kamakura・11:00～22:00（週一定休）
コクリコ御成町店・10:30～18:30（週一定休）
チモト・10:00～18:30（週三定休）
Bistrot Orange・午餐 11:00～15:30、晚餐 17:30 ～ 23:00
鎌倉コーヒー豆.com・11:00～18:00、週六週日～19:00（週三定休）
カフェ鎌倉美学・午餐 11:30～15:00、晚餐 18:00～23:00，週六日 11:30～23:00
DIAMOND CAKE・11:30～18:00（週三定休）
BIRD MOUNTAIN・10:30～19:00（週三定休）
Queue・11:00～18:00（週三定休）
DEEP BLUE FICTION・11:00～18:00
NABI・11:00～19:00（週四定休）
KIBIYA BAKERY・10:00～19:00（週三定休）
ComoriB ＊ comoreB＋みんなの slow café・10:30～17:00（不定休）
高崎屋本店・10:00～20:00（週四定休）
浜勇商店・8:00～19:00（週日定休）

由比ガ浜通り

山與海、歷史和現代、日常VS. 旅地、守護傳統的不變MIX生活向上的改變，是鎌倉魅力的根本。

部分地圖標示寫為「由比ケ浜大通り」，但是去掉那個「大」字的路名標示地圖也頗常見，以下則一概稱為是由比ケ浜通。從與若宮大路交會的「下馬」交叉點到六地蔵交叉點的由比ケ浜通兩側商店，大致通稱為「由比ケ浜商店街」，一直往前走可以直通到長谷觀音寺。

以江之電路線來看，則是「鎌倉～和田塚～由比ヶ浜～長谷」四個車站的距離。不過倒不必被四個站的距離給嚇到，從浜勇商店走到長谷觀音寺路口交叉點，大約可控制在20多分鐘以內。

通過御成商店街走進由比ケ浜通，立刻引起注意的是跟江之電路線平行，可以從露天座看著往來江之電的「FARM TO YOU」。

在「FARM TO YOU」喝咖啡看電車

於2015年4月OPEN的「FARM TO YOU」，是倡導三大食材原則「LOCAL、FRESH、SEASONAL」，可外帶或內用手沖烘焙咖啡、啤酒、輕食、窯烤麵包、披薩和加州料理的餐廳。

不過大部分的人可能跟Milly一樣，初次踏入這幾乎所有座位都是露天座的餐廳，著眼的不是料理而是餐廳坐落的絕好方位以及時尚花園。

Milly初次利用就是先點了杯咖啡，然後選了貼近江之電的座位，樂在往往返返於眼前江之電駛過的風景。江之電沿線可看見江之電列車的咖啡屋不少，但論到最貼近可能沒有任何一間可以比得過FARM TO YOU。

FARM TO YOU之所以可以如此貼近鐵道路線，原來所在腹地本是1944年廢站的江之電大町站舊址。（PS：江之電極盛時期有40多個車站）

此外，用心規劃的草木花園非常有品味，原來出自國際知名

園藝大師西畠清順，據知店內還種植有樹齡兩百年以上的橄欖樹呢。

以往鎌倉的店家都是走個性、典雅和精緻路線，沒有複合商場也絕少有大型餐廳或是海外投資介入。

可是在「bills」進駐鎌倉之後，繼之而起的「MERCER CAFÉ」「FARM TO YOU」和「Pacific DRIVE -IN」等夏威夷、加州路線用餐空間，也讓人意識到鎌倉的確朝向「東京都會度假地」的模式迅速蛻變中。這樣的趨勢未必是不好，只是希望不會因此破壞了鎌倉古都的典雅風情，同時能提供更多自由養分給有理念的個人經營店家。

INFO

FARM TO YOU

鎌倉市由比ガ浜 2-4-43

內用午餐 11:30～14:30、飲料點心 14:30～17:00、晚餐 17:30～21:30，外帶 9:00～日落（週三定休）

在FARM TO YOU的對面，有來自三浦半島三崎港的甜甜圈店「MISAKI DONUTS」以及鎌倉老舖蕎麥麵店「こ寿々」直營的「茶処 こ寿々」。

位在八幡宮參道段葛旁的「こ寿々」，用餐時間店外經常都排著等候入店享用蕎麥麵的隊伍，要吃該店同樣名氣的わらび餅（蕨餅）很難輕鬆達成。相反的「茶処 こ寿々」是甜品專門店，滿座的機率不高可以輕鬆吃到老舖蕨餅。

同樣位在由比浜商店街的老鋪和風點心，還有原本在東京上野開業，後來移轉到鎌倉，享有160年以上歷史「初祖 岡埜榮泉總本舖」的豆大福（放入紅豆的麻糬），以及生麸老鋪「麸帆」包紅豆餡的蕨餅「麸饅頭」。

INFO

茶処こ寿々．10:00～18:00

初祖 岡埜榮泉總本舖．10:00～17:00（週三定休）

麸帆．10:00～16:00（週一定休）

從由比ケ浜通一路往長谷方向前進，在通過「六地藏交叉點」後，有間跟老鋪魚板名店「鎌倉井上蒲鉾本店」同側，外觀與周邊老店風情完全大異其趣，店頭看板寫著 library、café、gallery & share office 的複合式空間「HOUSE Yuigahama」。

「HOUSE Yuigahama」店面不大企圖大

本一度以為這可能不過是某間時尚建築工作室，見到店前擺放著餐飲菜單，才意會到這裡或許是間很特別的咖啡屋。

比起東京大都會經常是一整棟高層大樓、一整區廣大腹地的複合式商辦區塊，於 2014 年 4 月開始營業的「HOUSE Yuigahama」看似很難與「複合式」聯想，實際上進去享用了熱狗午餐後，倒真的認同這空間雖小，卻是企圖很大提供「複合式」服務的空間。

咖啡屋是這個以「家」為主軸的複合式空間一部分，店內設有明亮開放廚房，廚房前方和面向大路窗邊設有櫃檯座位，另

外擺放著販售的建築書籍、生活道具雜貨、餐具等的大木桌前也擺放有坐椅，靠近工作室入口邊上還有像是特別座的沙發區。

「HOUSE Yuigahama」本業是「蓋房子」「提供湘南居住建議」，咖啡屋後方同時設有分租的設計、裝潢工作室。店內長期都有主題作品展示，也不定期舉行各類座談會、才藝教室和戶外活動，總之就是企圖心很旺盛，容許各種樣式跨行合作的空間。

不想花精神去理解這裡到底隱藏著什麼理想，單單當做一間舒適好上網的咖啡屋來利用也完全ok。基本上這裡的墨西哥風味熱狗還不錯吃，加上飲料的熱狗套餐是800日圓也頗價位合宜。

店內咖啡使用「THE COFFEE SHOP」的咖啡豆，Milly曾經去過位在若宮大路上的「THE COFFEE SHOP（鎌倉店）」，對店內手沖的好咖啡和特別以鎌倉為主題設計的咖啡杯印象深刻，可惜後來才得知鎌倉店已經歇業，如此能在預期外的場所再喝到「THE COFFEE SHOP」的咖啡也算是意外

SONG BOOK Café

MODERATO ROASTING COFFEE

的收穫。

INFO

HOUSE Yuigahama
鎌倉市由比ケ浜 1-12-8
10:00～18:30、週五六～22:00（週三定休）
houseyuigahama.com

從 HOUSE Yuigahama 往前走個 1 分鐘不到，也有間可以喝到專業手沖咖啡的自家烘焙咖啡屋「MODERATO ROASTING COFFEE」，喝杯芳醇咖啡配上店主以適合搭配咖啡風味烘烤的手工蛋糕和現作法國吐司，則是常客推薦的私房推薦組合。

從「MODERATO ROASTING COFFEE」往前通過建築景觀「寸松堂」，會看見同側外觀非常可愛，有如森林中繪本小屋的「SONG BOOK Café」。

GREENROOM CAFE&DELI

雜貨屋 à bientôt

woof curry

咖啡屋全名是「鎌倉の絵本とうたのカフェSONG BOOK Café（鎌倉的繪本與唱歌的咖啡屋SONG BOOK Café）」，營業方向正如店名所示，除了販售繪本、CD外，店內也附設有咖啡屋空間，被附近年輕媽媽視為可帶著孩子一起度過愉快時光的祕密咖啡屋。不過比較不為人知的是，原來這裡不單單是一間擺放有繪本、CD的咖啡屋，更是一間發行繪本和企劃CD的公司。

如此走走停停，經過「古民家スタジオ・イシワタリ（古民家工作房ISHIWATARI）」不久就來到右轉通往鎌倉文學館的「文學館入口」交叉點紅綠燈。

這裡有不少甜分補充小據點，像是手工鯛魚燒小舖「たい焼き～なみへい」、西式高級糕餅屋「OKASHI0467」和懷舊風情的「柴崎牛乳」本店。

繼續走著在到達「長谷觀音前」交叉點紅綠燈位置前，則有古民家改裝的小器雜貨咖啡屋「vuori」，充滿綠意的「雜貨屋 à bientôt」，開放空間咖啡店「GREENROOM

OLTREVINO

CAFE&DELI」和對面的咖哩專門店「woof curry」，以及充滿托斯卡尼義大利風情，經常被美食家、料理家推薦的食品、熟食、小酒館「OLTREVINO」。

「OLTREVINO」來自托斯卡尼的堅持

儘管距離觀光客喧囂、人潮如流的長谷觀音寺、鎌倉大佛路徑大通不過是短短距離，「OLTREVINO」空間的寧靜、質感和視覺，卻像是處在完全不同的世界。

從雜誌獲知這充滿諸多憧憬元素，由長年居住在義大利的古澤夫婦掌理的「OLTREVINO」後，Milly不知道已經徘徊在店外多少次，好幾次都遲疑著自己的大人氣度不足以在這空間悠然自若，於是總是來到店前卻又弱氣的轉身。

直到一個天色逐漸泛出橘色光澤的午後，終於鼓起了勇氣推開厚重木門進入。剛開始還有些緊張，甚至有些不由自主的虛張聲勢，可是當喝著店主古澤先生親切推薦的濃郁果香白酒，品味著異常美味的現切生火腿和店主建議放上提味的小菜後，

Milly才漸漸開始鬆緩下來，得以細細觀察著店內嚮往以久的擺設和玻璃櫃檯擺放的美味熟食。

「OLTREVINO」是提供愉悅喝酒的「酒」、愉悅喝酒時享用的「熟食」和愉悅喝酒用餐的「空間」。因為店內擺放著許多來自義大利的食材、加工食品和酒類，將這裡視為附設了「eat in」空間的食材、熟食精品店也不為過。

古澤先生在義大利托斯卡尼擔任主廚多年，同時擁有豐富的義大利侍酒經驗。於是不單單是店內提供的義大利酒和以義大利食材搭配鎌倉物產的正統義式料理，都受到老饕食客的偏愛和推薦。古澤太太則是歐洲古董擺設達人，置身由古澤太太佈置規劃的餐廳內，彷彿來到了托斯卡尼的鄉野餐廳，店內擺設的木桌、擺飾和燈具也提供販售。

基本上店內是沒有菜單的，客人以櫃檯內擺放的多樣熟食為參考，接著聽取店主建議來點餐。價位或許有些偏高，不過以為一切都是值得。

店主更貼心建議或可從午餐開始體驗，平日午餐時段會有定額套餐選擇，像是麵包配上兩份熟食或是三份熟食。

不過正如前面所說，「OLTREVINO」絕對說不上是可以輕鬆進入的空間，店頭張貼的「観光だけの見るだけ訪問は遠慮してください（謝絕只是為了觀光來此探看的來店）」紙張，想必早已嚇阻了不少人前來。同時店內是絕對不能拍照的，Milly是經過店主許可，才拍下自己享用的餐點和酒。

即便是如此（笑），Milly應該還是會再來，畢竟那生火腿和白酒的滋味難忘，玻璃櫃內的熟食又每樣都讓人垂涎。

INFO

OLTREVINO

鎌倉市長谷 2-5-40

12:00～19:00（週三定休）

古民家工作房 ISHIWATARI

THE BANK

老情緒新感性

近年來由比ケ浜通上多了不少個性咖啡屋、精品雜貨店和小酒館，但步行期間依然容易就發現一些掛著斑駁風味看板的老商家，其中可以特別留意的是位在由比ケ浜郵局對面，融合了近代、東西洋特色，同時展現寺院建築、城郭建築，鎌倉雕大師佐藤宗岳店鋪兼住宅的「寸松堂」。

另外當來到六地藏交叉點時，會看見巷口的三角位置上，有座氣派的歐風復古風味建築，建築上掛著「THE BANK」的招牌，這建築原屬於鎌倉銀行（現稱橫浜銀行），廢棄後由民間作為酒吧經營，可惜的是還沒找到機會入內體驗，酒吧「THE BANK」已經歇業，只能期待這建築的下一個華麗轉身。

此外，在往長谷的由比ケ浜通路徑上還有兩處很推薦留意的建築，一處是往長谷方向通過「寸松堂」「中丸酒店」後，於「中山刀劍美術店」對面，提供租借、展覽空間的「古民家工作房ISHIWATARI」，一處是位在從「鎌倉文學館」往西有些距離

長谷兒童會館

古民家工作房 ISHIWATARI

的「長谷子ども会館（長谷兒童會館）」。

「古民家工作房 ISHIWATARI」前身是開業長達八十四年的田嶋材木店，由木材行專業蓋出的建築，於是不論是柱子、樑木就格外扎實且木料用得極好。

除了木料用心建築格局也很講究，房子隔間的「欄間」、雕花「窓枠」和面向庭院的「縁側」均展現著迷人的和風情緒之美。Milly 路徑被「古民家工作房 ISHIWATARI」的雅緻建築吸引，繞到側門發現門是敞開就貿然進去參觀。實際上那日這老建築是包給雜誌作為攝影教室一般人不得進入，多得主辦人善意才能順道參觀內裝。

其實這建築經常會舉行展覽、主題活動，有時也會有期間限定的咖啡屋空間，因此可以入內參觀的機會不少。

「長谷兒童會館」則真的是未經許可不得進入，不過即使不能入內參觀，單單看著那有如電影場景般的華美建築已經充分。Milly 甚至認為這是鎌倉最美的建築，不論是玄關前的石階、二樓露台的欄杆、兩側大窗的鐵窗樣式，乃至於整個建築

散發出的優雅貴氣，都讓人流連又流連不捨得離去。

「長谷兒童會館」興建於 1908 年，原是富商福島浪藏豪邸，後來於 1921 年轉讓給實業家諸戸清六，在作為「諸戸邸」六十年後的 1980 年，諸戸家族將此洋館建築捐贈給鎌倉市政府，從此變成了提供地方孩童交流活動的「長谷兒童會館」。

「長谷兒童會館」可以安排在「鎌倉文學館」的順線上，鎌倉文學館除了展覽的文學家手稿作品值得一看外，建築本身同樣大有來頭。

根據資料顯示，從種植玫瑰、櫻花的廣闊庭園可以眺望海景的「鎌倉文學館」，是 1936 年由加賀藩前田家第 16 代前田利為所興建，當時已是受到絕大矚目的代表性「別莊」建築。之後諾貝爾和平獎得主日本首相佐藤栄作元首相曾將此處當做別莊居住，也曾經作為作家三島由紀夫的小說《春の雪》的故事背景。

Part. 6

◆

海街甜蜜點心時間

循著甜蜜香氣微風，在午後散步路徑上歇腳，海街大人甜蜜點心時間，讓身體中隱藏的少女，也不由得踮起腳尖，開心的旋轉旋轉。

●天然鯛魚～「たい焼きなみへい」

位在由比ガ浜通り靠近鎌倉文學館入口紅綠燈位置上，有間懷舊風情的鯛魚燒小舖「たい焼きなみへい（鯛魚燒NAMIHEI）」，燒烤的是俗稱「天然鯛魚」的鯛魚燒。

當然這只是日本人區分鯛魚燒是以怎樣的方式燒烤，而趣味說明的代名詞。

以鐵板盤一次燒出數條鯛魚的鯛魚燒，俗稱是「養殖鯛魚」。而以鑄鐵模子一隻一隻烤出的鯛魚燒（所謂的一丁焼き），則稱為「天然鯛魚」。

以傳統方式一隻隻烤出的鯛魚燒，外皮酥脆帶著碳烤香氣，餡料也較為分佈均勻，即使到了尾巴也可以吃到紅豆餡。

「たい焼き なみへい」除堅持採用較耗時間的傳統方式燒烤

外，紅豆餡也堅持使用高級蜂蜜熬煮，讓紅豆餡甜味柔順細緻。

夏天時懷舊款的刨冰同樣是大人氣，隱藏版美味是包入肉餡、青菜、奶酪等餡料的東歐風味烤麵包「ピロシキ（Pirozhki）」。

INFO

たい焼きなみへい
鎌倉市長谷 1-8-10
10:00～18:30（不定休）

大人的糕點～「OKASHI 0467」

「0467」是鎌倉的電話區域號碼，「0467」旗下鎌倉店鋪以此數字為店名，像是靠近長谷寺以古民家改建的和風創意料理餐廳「0467 Hasekamicho」、位在長谷往鎌倉文學館路徑上的高級洋菓子屋「OKASHI 0467」，以及鎌倉車站西口邊上的糕點禮品店「OKASHI 0467 GIFT」。

「OKASHI 0467」建築外觀時尚摩登，在由比ガ浜通り上顯得

格外搶眼，卻依然是以七十年歷史老屋改建，一樓是將洋菓子擺放如珠寶般的販售櫃檯，二樓是高質感品味咖啡屋空間，整體感覺有如典雅美術館。「OKASHI 0467」洋風糕點走的是高檔「大人のお菓子（大人的糕點）」路線，除了咖啡和紅茶外，在店內甚至可點杯香檳搭配如藝術品般的細緻蛋糕一起享用。正因為在客層上已經區隔，所以即使鄰近觀光客集中、學生旅行團密集的鎌倉大佛周邊，一樣得以享有寧靜舒適時間。

櫻花盛開季節建議不妨外帶一份季節限定糕點，從一旁巷道內走去號稱鎌倉最古老的寺廟「甘繩神明宮」，在華麗綻放的櫻花木美景中享用。

INFO

OKASHI 0467

鎌倉市長谷 1-11-21

11:30～19:00，週六日～19:30，外帶 10:00～19:30

kamakura0467.com

當芬蘭遇上鎌倉～「vuori」

「vuori cafe&gallary+shop」位在由比ガ浜通り的長谷交差點旁，是以海產乾貨批發店老舊倉庫改裝的古民家風咖啡屋、生活道具雜貨屋和作品展示的複合式空間。

店名「vuori」是芬蘭語「山」的意思，在木質色調幽靜店內飄散著緩慢氛圍，的確有著如同身處綠意山林中聽著樹梢風聲掠過時的舒適自在。店主看似喜歡登山活動，店內擺放著不少登山周邊古道具和山林相關書籍。

有如大山的包容，店內的擺設同樣沒有國籍界線。牆上掛著和風掛軸，窗檯有意境花藝，桌椅是北歐木質風。紅茶以日式手作茶具端出，同樣以質樸茶碗裝盛的點心是西式冰淇淋。「vuori」的午餐同樣無國界，有一汁三菜日式套餐、義大利麵套餐和頗講究功夫的法式蕎麥薄餅。

夏天來到店前會掛上「冰」字旗招，甜品MENU上也多了西瓜、草莓、花豆、焙茶等口味的刨冰。咖啡屋二樓的器皿、生活

道具的展示和販售空間，天井很高充滿著柔和自然光線，讓原本就美麗的作品更有風味。各色不論擺設或實用都很吸引人的器皿，除了作家的手作器皿外，也有著時間沉澱光澤和暖度的古道具。在這美好的空間內，會不時舉辦類似「盆栽」「茶會」的小教室。

INFO

vuori cafe&gallery+shop

鎌倉市長谷 1-15-1

cafe 12:00 ~ 18:00、週六日~ 18:30，shop & gallary12:00 ~日落（不定休）

www.vuorentuuli.com

鎌倉的定番和菓子~「力餅家」

位在「極樂寺」坂道下方的「力餅家」，是擁有 300 年以上歷史的和菓子店。

在導覽書、情報節目介紹鎌倉時，「力餅家」是必定會被提到的鎌倉代表性老鋪。也在漫畫《海街 diary》、日劇《倒數第二次

戀愛》等作品中，作為鎌倉日常代表風景多次出現。

「力餅家」的招牌點心是外觀樸實的「權五郎力餅」，感覺上有些像伊勢神宮的「赤福」，是在軟軟細緻的糯米團上，鋪上甜味適度的紅豆泥。

一般人多數是買一整盒作為土產帶回去，只想買一個90日圓的「權五郎力餅」當點心吃，店家同樣是和顏悅色的遞上。「權五郎力餅」命名緣由於附近「御霊神社（御靈神社）」祭神的「鎌倉權五郎景政」，形狀則仿造神社內祭祀的「手玉石」「袂石」。

每年春天的3月～5月時期，原本白色糯米團的力餅，會揉入艾草變成綠色糯米團，不但是另有風味也風雅著時令流轉。

「力餅家」的名物點心還有「夫婦まんじゅう（夫婦饅頭）」和以御靈神社每年9月18日進行「面掛行列」中的11個不同面具臉譜為模樣的人形燒「福面まんじゅう（福面饅頭）」，同樣可以單買一個是150日圓。

除了這些講究傳統的和菓子外，「力餅家」還擺放不少懷舊米菓點心和零食，店內感覺就是像是下町巷弄內老奶奶看守的「駄菓子屋（柑仔店）」般親切。

INFO
力餅家
鎌倉市坂ノ下 18-18
9:00～18:00（週三和每月第三個週二定休）

江之電與鎌倉最完美的交會點～「無心庵」

甘味屋「無心庵」是江之電與鎌倉風景最完美的交會點，每回從鎌倉站搭上江之電在即將通過第一個停靠站「和田塚」時，就會自然而然的從窗外尋找「無心庵」在季節中的風景。

「無心庵」總是用心種植著季節花木，光就外觀來看倒像是風雅文人的住家。

有趣的是即使穿過暖帘看見的和風庭院同樣雅趣，脫鞋入內的榻榻米空間卻頗為家居感，甚至有些像是老奶奶的住家。

這日就從「和田塚」站月台走下，來到距離車站不過10步距離的「無心庵」，是平日又剛剛開店，難得的店內沒有滿座，得以如願坐在面向庭院的絕佳視野位置。

　吃著放入糯米丸子、紅豆泥的蜜豆冰「クリームあんみつ」，聽見固定頻率電車入站時的「噹噹噹」警示聲，透過風雅花木圍籬窺看電車通過身影。

　不由想著如果「無心庵」不是這樣貼近著江之電，依然會如此被愛戴嗎？去追想這問題的答案太掃興，還是恣意享受當下江之電和無心庵共同編織出的鎌倉獨有悠然時光，在「無心庵」還是無心的放空就好。

INFO

無心庵

鎌倉市由比ガ浜 3-2-13

10:00～17:00（週四定休，不定休）

●櫻花飄零絶景～「弁天堂茶屋」

從JR北鎌倉車站下車前往一旁的圓覺寺，在山門右邊走去的林道旁有著通往國寶洪鐘的石階，順著那143段石階登高上去，會先看見那風貌樸實未必壯觀卻是九百多年歷史的鐘樓，鐘樓旁是得以眺望鎌倉古都風景的「弁天堂茶屋」。

或許有不少遊客只是貪戀著登高遠眺的風景，甚至不時會誤闖入茶屋座椅區內，於是看店的中年婦女顯得有些緊迫盯人，才剛踏入就忙問要點什麼茶點，點了茶點又催促付帳，多少壞了些悠閒情緒。撇開這點不說，這在好天氣甚至可以望見富士山的山丘茶屋，真是極為推薦的小歇私密據點。

尤其是有回在櫻花季節尾聲前去，坐在竹子搭設的風雅茶亭坐席，微風一陣陣的從前方高聳竹林吹來，一陣陣的風吹來絕美飄落櫻花瓣，櫻花雨在眼前形成了難以言喻的美好風景，讓人久久捨不得離去。

「弁天堂茶屋」提供的是典型茶屋茶點，像是蜜豆冰、溫熱甘酒、糯米丸子等。

Milly 總愛在這類和風茶屋，吃份酸酸鹹鹹風味微妙的「ところてん」，只是不敢吃一旁放置的黃色芥末。如果不想吃酢醤油口味，也可以選擇黑蜜的「ところてん」。

「ところてん」是一種以石花菜作的涼粉，多數是以條狀冷吃，算是沒什麼心理負擔的健康甜品。

註：「弁天堂茶屋」因鐘樓改建於 2015 年 7 月歇業，再度營業時間未定。

INFO

弁天堂茶屋
鎌倉市山ノ内 409
10:00 ～ 16:30

大文豪也偏愛的懷舊鬆餅～「イワタコーヒー店」

位在小町通商店街上的洋風咖啡屋「イワタコーヒー店（IWATA Coffee）」創業於昭和23年（1948年），是連大文豪川端康成都曾經是這裡常客的鎌倉老鋪咖啡店。

雖說店名是「IWATA Coffee」，店內皮製墨綠座椅和厚實咖啡杯上的LOGO，都飄散著昭和「喫茶店」風情。

跟咖啡屋榮耀歷史共存的是，至今依然根據傳統食譜烘烤的厚實鬆餅。這作為鎮店之寶的鬆餅，最少必須等上30多分鐘，不過當氣勢非凡的鬆餅端上桌時，一切的耐心等候都是值得。

兩片扎實堆疊出七公分高度的鬆餅帶著自傲姿態，先就這樣單吃品味著鬆餅外脆內軟的濃厚蛋香，再以溶解鹽味奶油一起品嚐，接著淋上糖漿繼續享用。

在來自世界各式華麗鬆餅侵入的時代，イワタコーヒー店還是堅信鬆餅只要用心，單單以麵粉、蛋和鮮奶的正統派鬆餅就足以抓住人心。

INFO

イワタコーヒー店

鎌倉市小町 1-5-7

10:00 ~ 17:30（週二和每月第二個週三定休）

● 時尚吃冰棒～「PALETAS 鎌倉店」

能將冰棒提升到如此時尚地位，把冰棒這早已存在的夏日盛品包裝得如此多采多姿，真是不能不佩服日本人的商販手法。

講求絕不使用人工色素的健康冰棒專賣店「PALETAS（全名frozen fruit bar PALETAS）」，位在鎌倉市役所對面「紀伊國屋超市」旁建築的二樓，是這品牌的一號店也是日本首間水果冰棒專賣店。

店內擺放著繽紛色彩冰棒的玻璃櫃前總有著猶豫不決的客人。店家為了方便服務來自不同國家的遊客，於是貼心的將不同口味的冰棒標示號碼。

Milly 首次嘗試這發源於墨西哥的冰棒，是在一陣這也想吃那也

想吃的猶豫後，選了編號2可以吃到整片柑橘、奇異果、蘋果的「Mix East」480日圓。

幾乎是130台幣的一根冰棒，說不便宜的確也不便宜，但是確實能吃到自然水果滋味又能解暑，加上因此體驗了最新潮流，想想也就甘心情願不少。PALETAS的冰棒從400日圓～580日圓不等，口味豐富且別具創意。像是雞尾酒風味含有酒精的「Piña Colada」、南瓜MIX巧克力脆片的「Pumpkin」和番茄、檸檬MIX香料巴西利的「Tomato & Basilico」等等。

INFO

PALETAS 鎌倉店

鎌倉市御成町 15-7 2F

10:00～18:00（不定休）

www.paletas.jp

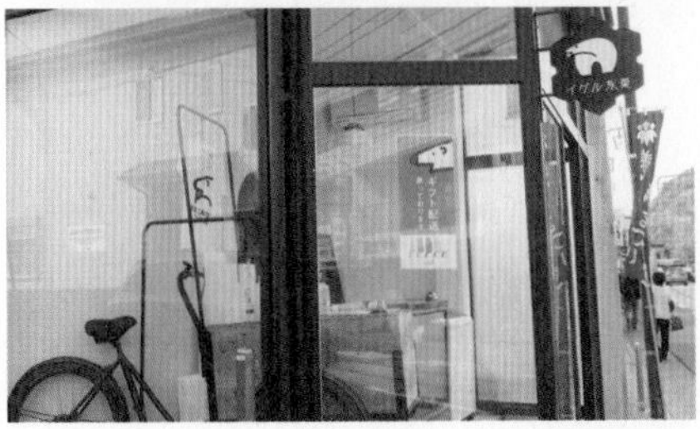

天然懷舊冰棒～「イグル氷菓」

相對於洋風時尚包裝的「PALETAS」，位在腰越商店街店，店前有「江之電」電車通過的「イグル氷菓（IGURU 冰菓）」冰棒，走的就是完全相反的傳統懷舊風。

只是單就包裝上的可愛白熊圖案和店內販售的設計款周邊商品，依然可以窺看出這是加入年輕人行銷創意的冰店。

冰棒外觀和口味平實也簡單很多，基本款有北海道紅豆、印度產芒果、加州草莓、北海道美瑛牛奶和奇異果等風味，每支 200 日圓。

Milly 選的是名稱很特別，季節限定的「かながわさん（神奈川先生）」冰棒。命名為「かながわさん」是強調使用的材料都來自神奈川縣，像是藤澤的番茄、小田原的柑橘或是海老名的草莓，Milly 吃到的限定口味是「湘南ゴールド（湘南黃金柳橙）」。

店名「イグル氷菓」的イグル是北極圈少數民族因紐特語禦寒冰屋「かまくら」的意思，鎌倉發音也是「かまくら」，於是以此聯想來命名。

吃「イグル氷菓」的冰棒時，除了品味那簡樸實在的風味外，也要留意這冰棒很有趣的設計。原來為了方便吃這冰棒，「イグル氷菓」冰棒棍刻意以偏斜角度插入，如此吃冰棒時就穩定很多也不容易弄髒手。

INFO
イグル氷菓
鎌倉市腰越 3-8-26
11:00～17:00（週一定休）

● 鎌倉野菜義式冰淇淋～「鎌倉ジェラート」

義式冰淇淋店「鎌倉ジェラート（KAMAKURA GELATO）」位在前往鎌倉大佛途中，是不錯的觀光路徑小歇點。

以正統製法為堅持，強調沒有化學添加物、無人工香料，每天早上現做的義式冰淇淋，有水果、蔬菜和牛奶、豆乳、巧克力餅乾等10多種口味。

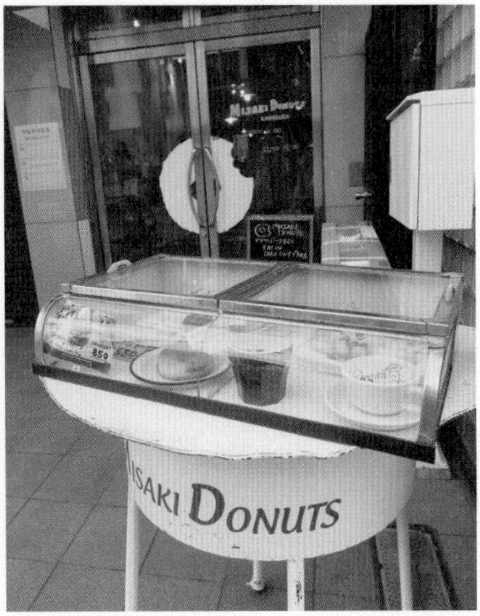

選了和風的南瓜口味，濃郁綿密的南瓜風味讓人著迷。最人氣的口味據說是和風黃豆粉，番茄柚子口味則是夏日口味的招牌之一。Milly下次的期待是秋天限定的柿子口味。

INFO
鎌倉ジェラート（長谷店）
鎌倉市長谷 3-8-13
10:30～17:00，週日～18:00（週一定休）

● 來自三崎港的甜甜圈～「MISAKI DONUTS」

第一次吃到這發跡於三浦半島三崎港的「MISAKI DONUTS（ミサキドーナツ）」手工甜甜圈，是在三崎港的本店。

在前往長谷方向的由比ガ浜通り上看見熟悉的ミサキドーナツ分店，那日在三崎港本店度過的愉快時光和甜甜圈美味頓時再現，於是雖然沒能入店享用，還是外帶了份甜甜圈回到 HOTEL。

「MISAKI DONUTS」鎌倉分店於 2014 年 11 月開店，店面風

格同樣是美式輕復古風，店內經常保持有 15 種口味以上的甜甜圈，Milly 個人推薦的是鎌倉店限定，只使用麵粉、砂糖和雞蛋的 174 日圓樸實款「オリジナルファッション（原創經典）」，一般這樣手工油炸的經典款甜甜圈多是稱為 old-fashioned，「MISAKI DONUTS」刻意稱為是原創是自信於他們口味的多樣性吧。

順便一提「MISAKI DONUTS」形象海報上，拿著外帶甜甜圈的女子高中生漫畫人物，是出自漫畫家山本直樹手筆，而店主藤沢宏光是音樂製作人，店內還因此放置著他製作的 CD 販售。

INFO

MISAKI DONUTS（鎌倉店）
鎌倉市由比ガ浜 1-1-7
10:00 ~ 18:00（不定休）
misakidonuts.com

● 美味食堂的甜甜圈～「べつばらドーナツ」

「食堂 COBAKABA」經常出現在 Milly 鎌倉美食散步路徑上，繼午餐、早餐和週日音樂會早餐後，COBAKABA 再次以外帶「有機甜甜圈」「有機果汁」的形式登場。

那日路經 COBAKABA 發現不大的店面，居然增設了甜甜圈和飲品外帶區，多年來對於 COBAKABA 的品質已經是絕對信任，於是沒多遲疑就立刻透過外賣窗口，買了份檸檬口味的甜甜圈，同時配上千葉縣二十五年以上有機栽培履歷「加瀨農場」生產的「TUTIARIKI」百分之百原味有機紅蘿蔔汁，以此帶去路徑上的公園野餐。

COBAKABA 的甜甜圈有個可愛的名稱～「べつばらドーナツ（別腹甜甜圈）」，就是說別緊張啦，即使才剛吃了飯，甜點是另一個甜點腸胃來消化，想吃就買來吃吧！

原本這「べつばらドーナツ」只在 COBAKABA 於活動設攤時才會限定販售，因應愛好者的渴望呼聲，於是每週五六日和週一

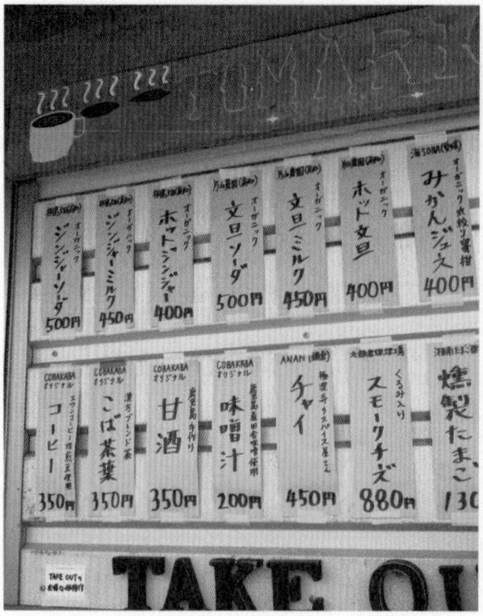

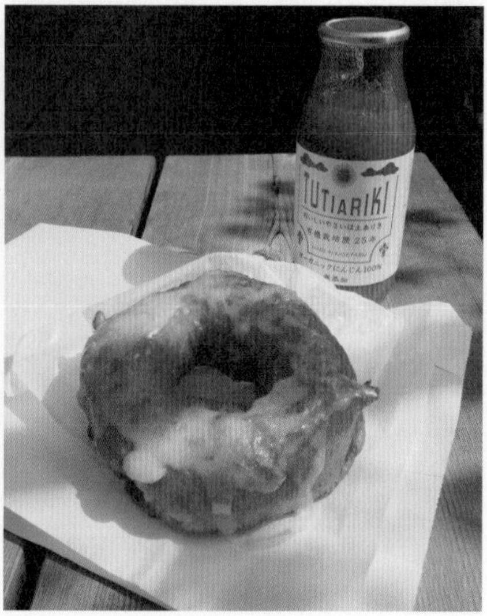

開始在店內販售。

口味除了招牌的糖霜外也會不定期推出季節風味限定甜甜圈，像是肉桂蘋果、百香果等。甜甜圈一個 250 日圓，配上外帶咖啡 SET 是 500 日圓，檸檬糖霜甜甜圈看似甜膩，入口卻是酸中帶甜恰到好處，口感則是軟綿中帶著 Q 彈，是吃過會上癮的手工感甜甜圈。

INFO

食堂 COBAKABA

鎌倉市小町 1-13-15

每週五～週一早上 8 點開始販售べつばらドーナツ，賣完為止。

PS：「べつばらドーナツ」實在太人氣，於是 COBAKABA 更進一步於 2015 年 2 月，在材木座開設了「べつばらドーナツ」的實體專賣店，不過營業時間依然是限定於每週五六日和週一。地址是鎌倉市材木座 1-3-10，9 點開始營業，賣完就休息。

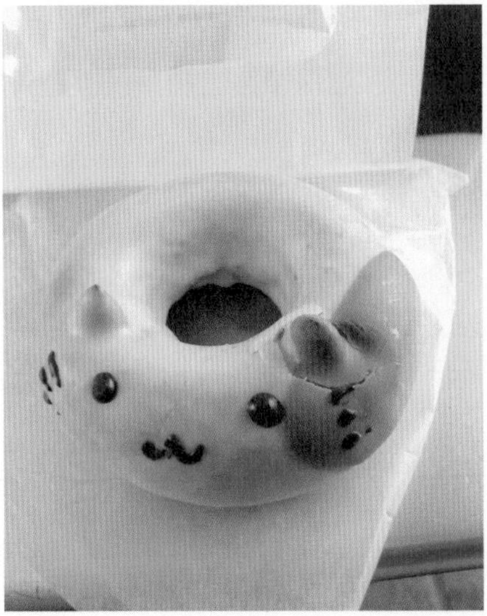

森林系有機甜甜圈～「Floresta」

Milly很喜歡吃甜甜圈，喜歡甜甜圈中間那個空洞，喜歡一口吃下去後那不完整圓的模樣。不過除非是受到季節限制的誘惑，直覺一定會選擇最簡單的基本款、不多加修飾的經典款。

可是站在位於鎌倉中央食品市場對面的「Floresta（フロレスタ）」甜甜圈玻璃櫃前，卻被擺放著可愛「青蛙」「貓咪」「小豬」「山羊」「兔子」給迷惑（笑），反常的買了一個貓咪模樣的甜甜圈。實在太可愛了，連內心底層的少女心都瞬間被挑起。

這動物造型甜甜圈近日還出現了升級版，在甜甜圈的圈圈內，放入了動物BABY模樣的點心，稱做是「親子甜甜圈」，可愛到不忍心一口咬下去。

前田夫婦2002年開始製作Floresta甜甜圈，初期只在大阪、奈良等地的戶外市集設攤販售，2006年在奈良開設第一間實體店面，目前從東日本到沖繩已經有40間以上的分店。不過依然本著「要製作讓孩子能安心食用甜甜圈」的初衷，在堅持純手工製作的同時更強調不添加防腐劑、保存劑，材料講究使用北海道麵粉、

有機豆乳以及以木酢酸為飼料飼養雞生的新鮮雞蛋、菜種沙拉油和沖繩天然日曬鹽。

INFO
Floresta（鎌倉店）
鎌倉市小町 1-3-4
11:00 ~ 18:00（週一定休）
www.nature-doughnuts.jp

溫柔媽媽的布丁滋味～「Rietta」

偏離小町通商店街位在住宅區一角的「Rietta」，是擁有「鎌倉蔬菜資格認證」的主婦以自家住宅改建的咖啡屋。

蔬菜料理是 2007 年開店以來至今依然人氣的主因，不過 Milly 要推薦的是這裡的隱藏版美味，稱為「鎌倉なめらかプリン」的手工布丁。

這布丁多是在午餐套餐中作為附餐點心提供，不過同樣可以外

帶回去享用。

嘗試過的芝麻和香草口味都甜度適當、蛋香濃郁、口感滑潤，更重要的是吃得到用心和純正的手感，像是媽媽做給孩子吃的自信點心。

INFO
Rietta
鎌倉市雪ノ下 1-2-5
11:00～日落（週日一定休）

回味的小方塊蛋糕～「4ha」

數年前在偏離鎌倉站周邊主要觀光動線，妙本寺裏側、比企谷幼稚園境內的「4ha」咖啡屋，度過了以冰紅茶配上小巧糕點的下午茶時光。

當時已經有些擔心，這樣一間隱密在邊陲位置的咖啡屋有日會靜靜消失。當透過網路獲悉該店已停止營業訊息時，心中的確難

掩遺憾卻也不多訝異。

好在那日吃過風味讓人留戀的手工點心依然可以嚐到，目前「4ha」除了專心經營點心料理教室和糕點果醬網購外，每月的4、14、24日會開放實體店面販售，時間是上午11:00～下午16:30。

此外，店主也很積極的參加著於東京、鎌倉等地舉行的青空市集，或許有日能在某個青空市集內再次相遇。

INFO

4ha

鎌倉市大町 1-16-12 2F

cfyotsuha.exblog.jp

咖哩店的可愛甜品～「OXYMORON komachi」

正如店名顯示「OXYMORON カリー&甘い物&雜貨（OXYMORON 咖哩、甜品和雜貨）」，在 OXYMORON 不但可以享用美味道地的咖哩飯、採買高質感手作器皿雜貨，還可以品嚐到依著季節變化的美味甜品。

瀏覽 OXYMORON 網站時，可以充分體會到店主對於甜品的熱情和用心。每個月的甜品都會更動，也會不定期推出季節限定風味，選項豐富讓人猶豫。

Milly 在夏日草莓旺季前去，品嚐到模樣可愛有如公主玩具般，以新鮮草莓製作入口感綿密的美味法式點心「いちごのババロア（Bavarois、蛋奶凍）」。

每日午餐時段後的下午2點開始，MENU 上會有甜品＋飲料的 SET 選擇，南瓜布丁、咖啡凍、加入萊姆酒的布朗尼、檸檬塔、鳳梨派～每樣都如此誘人。

偶爾想小奢華的度過一個微醺午後，也可以請店員推薦適宜搭配甜品的紅、白酒或是香檳。

INFO
OXYMORON komachi
鎌倉市雪ノ下 1-5-38 2F
11:00～18:00（週三定休）
www.oxymoron.jp

● 古屋古書古物咖啡屋的風味布丁～「喫茶ミンカ」

咖啡店叫做「喫茶ミンカ」。

ミンカ，民家?!的確這是間典型的古民家咖啡屋，不過店名還蘊含著安地斯山方言「彼此互相幫助」的意思。

本就喜歡在旅行中尋找美好咖啡屋的店主川端美香小姐，多年前來到北鎌倉發現了屋前種植的柿子樹老房子，一見鍾情之下就萌生了以咖啡屋的形式，將眼前因時間沉澱的古老美好風景留存下來的意念。

「喫茶ミンカ」在格局上依然可以窺看到房舍原有的起居動線，因此在內小歇或是用餐就彷彿是在很有品味的友人家作客的感

覺。空間內放置著店主喜歡的古書，其中不乏鎌倉文人川端康成、芥川龍之介的小說。

隱密在茂密林木住宅區裡側的「喫茶ミンカ」午餐經常受到媒體推薦，Milly 難忘的則還有這裡的自家製布丁。

這純手工製布丁嚴守著正統布丁樣式，略有硬度但是蛋香濃郁綿密。湯匙順勢挖下帶著苦甘味焦糖和甜蜜布丁，放入口中一起融合，是讓人陶醉的好滋味。

「喫茶ミンカ」菜單上的「玄米とひよこ豆のカレー（玄米鷹嘴豆咖哩）」同樣人氣，這份很健康感覺的咖哩有個別名是「惠溫カレー」。原來這份咖哩的食譜是來自鎌倉淨智寺的住持惠溫，於是這咖哩因此被命名為「惠溫カレー（惠溫咖哩）」。

INFO

喫茶ミンカ
鎌倉市山ノ內 377-2
11:30 ～ 17:30（週四五定休）

Part. 7

從長谷往山or往海、走坡道or走小徑

選擇是旅行的醍醐味，到底怎樣的選擇是正確，無需思索更無意去在乎，只是單單的享受著選擇，期待在路徑前端未知的邂逅。

力餅家～御靈神社

從由比ケ浜通一路走到「長谷觀音前」紅綠燈交叉點，以此為定點出發一路直走會到達「長谷觀音寺」，右轉沿著名產店一間接著一間的大路走去是「鎌倉大佛」，這是正統的觀光路徑，往來著來自世界不同臉孔、膚色的觀光客人潮。

在「長谷觀音前」交叉點左轉可就近前往長谷站，從長谷站穿過平交道往前直走碰到第一個分歧點時，選擇往左邊走去，不久就會來到公路沿線上的由比ケ浜海岸，選擇往右直走則會到達鎌倉最有名的老鋪和菓子「力餅家」。

Milly多數會在這裡就停下腳步不再往前，改從「力餅家」旁的小路，穿過住宅區、風雅茶屋，看著路邊恣意綻放的花朵，心情愉悅的來到必須經由短短階梯，通過臺階前平交道才能到達的「御靈神社」。

不同季節來到這被江之電橫斷的御靈神社，總可以捕捉到不同風情的影像，櫻花、繡球花、新綠時節，微雨、暮色、烈日中都有著好風景，也難怪不少劇集、電影會來到這裡取景。

隨性的散步，邂逅一個地圖上沒有註解的美好角落。

力餅家～成就院～極樂寺站

如果是在繡球花盛開的初夏，就會在通過「力餅家」後依然持續往前，延著有些單調又吃力的坡道一路往極樂寺站前進。

極樂寺站或是極樂寺的確也有繡球花，但稱不上是繡球花名所，要停滯攀登的是位在坡道路途中的「成就院」。

成就院的境內不大也沒有繡球花園，繡球花是種植在通往高台「成就院」的石階兩側，光是這樣一面看著繡球花一面登高已經很棒，更棒的景致是待登上頂端時轉身眺望，從繡球花路徑看去的由比ケ浜海灣。

面海山丘上的巴黎角落「la maison ancienne」

在成就院面山位置的對面高台上，有間同樣要爬著石階登高才能到達的巴黎風情古民家古董雜貨咖啡屋 la maison ancienne，從這間咖啡屋二樓位置看去，隱約在樹梢之間海街風景也堪稱是私密景點。

店名是法語「古舊住家」的意思，店主是曾旅居法國的義大利人，因迷戀東方寺廟就又移居到日本，不過店內的古董雜貨依然多是蒐集自歐洲，於是即使建築本身是日式古民家，卻處處飄散著巴黎巷弄古董鋪風情。

la maison ancienne 人氣餐點是以老闆嚴選的花茶配上自家烘焙麵包做出的法國吐司、佛卡夏和熱三明治。

INFO

La maison ancienne

鎌倉市極楽寺 2-1-13

10:00～日落（週三定休）

以往除非是被繡球花吸引，否則未必樂意走這條往「極樂寺站」的單調坡道，只是自從看了吉田秋生大人氣漫畫《海街 diary》和於 2015 年上映改編的同名電影，在漫畫、電影中看見這稱為「極楽寺坂切通し」的坡道出現後，莫名的對原本無趣的坡道風景多了些因故事而來的認同感。

鎌倉有七個這樣的「切通し」，統稱為「鎌倉七切通し」。所謂的「切通し」是將山林或是丘地切開鑿出一條通路，讓人和馬匹得以利用此捷徑快速通過，所以在鎌倉時代這條路可是有其軍事上重要戰略地位。

因為是捷徑所以在地人就多會利用，甚至私下認定愈是會利用「切通し」就愈是在地。

鎌倉女子日常故事讓極樂寺多了憧憬

不少女子在看了日劇《倒數第二次戀愛》後，就憧憬著或許可以如女主角一樣，從現實煩囂都會移住到有山有海、有舒緩日常居家空間又有度假非日常自然風景、享有都會便利同時又得以擁有地方步調、ON和OFF自由自在的鎌倉。

有鑑於此，鎌倉觀光單位也很積極的投入相關日劇的拍攝，希望即使憧憬住宿不能衝動實現，至少可以短暫的複製著男女主角的生活路徑。

至於，談個小小的大人戀愛?!那就不在鎌倉觀光單位的推廣範圍。

鎌倉本來就經常成為日劇、電影故事發展的背景地。

不過最讓女子心弦觸動，愈發期待若能移居鎌倉，因此擁有一段戀愛或是緩緩日常小故事的，可能就是由小泉今日子（吉野千明）、中井貴一（長倉和平）主演的熟男熟女戀愛日劇《倒數第二次戀愛》，以及由吉田秋生大人氣漫畫改編，述說著當同父異

母妹妹すず加入後，以大姊綾瀨遙（幸）為首的四姊妹，在極樂寺附近古民家的日常生活，以及在鎌倉四季風情中心靈成長的電影《海街日記》。

這兩個作品的共同通點是主角都住在極樂寺附近，因此極樂寺站就勢必經常出現在故事中。

《倒數第二次戀愛》日劇男女主角比鄰而居，經常在江之電極樂寺站相遇，《海街 diary》漫畫不但以這車站作為封面，改編電影中也是很關鍵的故事場景。

極樂寺站本是一個小小，甚至入夜後就沒有站員進駐的半無人車站。可是在日劇和電影以這車站為故事主要背景的加持下，極樂寺站因此成了江之電沿線最有「戲劇」性的車站，光是學著故事中男女通過票口、坐在木椅上等車，就會擅自的以為自己也是故事中的男女一般。尤其是當木造站前的櫻花盛開時，更增添了不少浪漫的幻想。

所以即使沒有必要一定要搭乘電車，來到極樂寺站也會忍不住利用這車站搭乘電車。有一回還看見一個熟女，不論是服裝、氣質甚至連坐在月台長椅的模樣都類似《倒數第二次戀愛》的千明，

於是忍不住偷偷地按下快門捕捉。

極樂寺站的上方的確有座極樂寺，寺廟不大清幽且低調，境內還掛出不歡迎拍照的提示看板，完全不想迎合看熱鬧的人潮。

● 企圖從故事中脫出的「Cafe 坂の下」

可能有不少人誤解以為 2012 年 1 月開始播出的日劇《倒數第二次戀愛》和 2014 年 4 月的續集《續・倒數第二次戀愛》中，中井貴一家族經營的住家兼咖啡屋是在咖啡屋「Cafe 坂の下」實景拍攝。

其實不過是編劇和劇組參考了「Cafe 坂の下」的擺設、氛圍，作為故事發展中經常出現的咖啡屋「カフェ・ナガクラ（長倉咖啡屋）」原型，於攝影棚內搭設。

日劇中「長倉咖啡屋」位在從江之電極樂寺站走去的住宅區小高台，「Cafe 坂の下」卻更貼近海岸，要從長谷站走過去才是順線。

儘管如此當日劇播出造成話題期間，「Cafe 坂の下」總會在開

店同時就湧入了大批朝聖劇迷，有時更會誇張的在咖啡屋內到處拍照留念，完全不顧店員不悅的臉色。

劇集播完已過了一段時間，現在「Cafe 坂の下」總算回復了原本被編劇看中的悠然模樣，開始更著重宣傳該店自信的現做鬆餅，盡可能的去擺脫「日劇中的咖啡屋」印象。

「Cafe 坂の下」的外觀是攀附著藤蔓的獨棟白牆洋宅，屋內格局卻意外可見鴨居、欄間等和風元素。裝潢擺設走昭和懷舊、北歐道具、森林慢活的混搭風味，卻不致混亂且顯出居家舒適。看過《倒數第二次戀愛》的劇迷，一定會對咖啡屋不少角落，有著似曾相識的錯覺，那張鋪著拼布毛毯的沙發、那從窗戶看去的露天座，彷彿仍能見到男女主角對話的景象。

嗯~所以一旦跟日劇扯上關係，要真的不去意識還真不容易。

INFO

Cafe 坂の下

鎌倉市坂ノ下 21-15

10:00～17:00、週六日～18:30（週一定休，不定休）

cafe-sakanoshita.com

● 醞釀故事的面海咖啡屋～「SAIRAM」

講求有機健康蔬食的咖啡屋「SAIRAM」位在「Cafe 坂の下」的斜對角，「SAIRAM」同樣在日劇《續・倒數第二次戀愛》出現過，只是兩間店的氣氛有如太陽和月亮的對照，SAIRAM 是禁欲靈性，Cafe 坂の下則是自由率直。

SAIRAM 以柔和木料為主體，空間在飄遊的音樂中顯得寬裕舒適。可以從咖啡屋眺望不同視野海景的坐落位置優勢，大約就是日劇偏愛來此醞釀故事發展的要因。

天氣好時那幾乎可跟大海視野平行的露天座位是絕對搶手的特等席，否則單單是坐在面海的座位，放放空看看海已經充分舒服。

「生命的恩賜」是這間強調不論是吃、住、衣都必須回歸健康的精神，因此提供的餐食自然不可能是大魚大肉，Milly 點的蔬食套餐從前菜、湯到主食都調理得風味細膩，從健康養生的層面來看是功夫到位，份量則對於日常放任飲食的人來說會略嫌「理智」了些。是完全講求健康的用餐空間，連正常的咖啡都不會供應改為提供「穀物咖啡」，好吃的蛋糕捲更是強調沒有加奶、蛋、白砂糖，總之就是絕不讓客人吃到任何疑似危害健康的食物。為了漂亮的海景 Milly 勢必還是會前來 SAIRAM，只是可能就會選擇喝飲料配甜點。

INFO

SAIRAM

鎌倉市坂ノ下 20-11

11:30～18:00（週三定休）

www.sairam.jp

由比ヶ浜的海岸咖啡屋

海風是 Beer 最美味的下酒菜。

結束長谷觀音寺、御靈神社、成就院靜謐寺廟巡禮，從長谷站走到隱約著加州風情的由比ヶ浜海岸，不過是數分鐘距離。當飛馳而過的跑車、架上衝浪板的自行車從身邊經過時，情緒也彷如「南方之星」的海灘樂曲一般輕快起來。

不過或許是海灘未必漂亮，海水也不是那麼清澈，作為衝浪是不錯的海岸地形，沙灘就多數只被視為散步路徑。於是不論是在日劇或是電影中，海岸的出現經常都是在清晨或是黃昏，所謂更貼近鎌倉居民的日常時段。

至於對非住人的旅客來說，最適切湘南海岸的度過方式，則是找間面海的咖啡屋、餐廳，喝杯咖啡、啤酒，眺望海景放放空。

面對由比ヶ浜海岸、134 號公路的位置上，有間於 2001 年開業的 beach house「Daisy's Café」。

儘管由比ケ浜海岸出現愈來愈多的風格海岸餐廳、咖啡館，但是在鎌倉人心目中「Daisy's Café」還是無法替代的存在，即使外觀、內裝都已經有些殘舊，空間裡的自由、慵懶、音樂、態度和店員的陽光笑容，都依然是最符合湘南海岸的調調。

有說這咖啡屋泛出的風情是六零年代美國東海岸咖啡屋調調，更貼近的說法則是，「Daisy's Café」是在鎌倉人憧憬美國東岸風情的期盼下，孕育而生的海岸人情咖啡屋。

一瓶冰鎮的地產啤酒、一張面向大海的座位、一陣陣從敞開窗戶吹入的海風，已經足以在此只是悠閒的滯留一個多小時。放空在這裡是理所當然的節奏，不過對於常客來說這裡更是吹吹牛、回憶昔日青春的心靈基地。

店長說：「我從海獲得的領悟是，不要焦急，不要慌亂，以自己的步調生活著是最好的。」

泰國食堂「タイ村889（Thai村889）」跟大人氣有機健康和風餐廳「麻心（マゴコロ）」位在同一建築內，只是相較於麻心的日日滿座，位在三樓的「タイ村889」則除非是假日多數都可

タイ村 889

以順利入座。

Milly 選了面向大海的窗台位置坐下，隔壁是一個女子跟她的愛犬一起用餐中。

「タイ村 889」被歸為面海用餐選擇是名符其實的，因為從窗外看去就是一整面的海景，只是這海景很微妙的被電線給阻斷了大部分視野，不能算是分數很高的海景卻是非常符合店內庶民風貌的實在。

據說原本店主泰籍媽媽只在夏天海濱開設季節限定的「泰料理海之家」攤位，在愛上他們家常道地泰國料理常客的慫恿下，才開始在這面海的三樓開起泰國餐廳。說是泰國餐廳倒也不是那種小時尚的都會泰國餐廳，更像是位在泰國鄉間店內播放著愛情音樂的食堂，真要說就是如果孤獨美食家「五郎」來到這海邊，也一定會選擇的B級泰式美食餐廳。

Milly 點了放上荷包蛋、附上醃菜和甜品的辣味雞肉飯（泰式打拋雞飯），價位便宜而且是扎扎實實、吃了會上癮的味道，如果住在鎌倉可能每隔一段時間就會想來吃吃的味道。可能是海灘氣氛使然吧，Milly 總以為不該吃什麼豆腐、素菜、芝麻葉之類的健

タイ村 889

COCOMO

康料理，吃點咖哩、炒麵、漢堡、披薩才實在。

「タイ村 889」旁有間位在二樓有著不錯面海座位，格局不致於過於正式的義大利食堂「COCOMO」也是不錯的選擇，這裡的烤牡蠣和披薩非常好吃。

INFO

Daisy's Café
鎌倉市長谷 2-8-11
11:00 ~ 18:00

タイ村 889
鎌倉市長谷 2-8-11 3F
11:00 ~ 21:00

COCOMO
鎌倉市長谷 2-8-8 2F
12:00 ~ 23:00

七里ヶ浜的海岸咖啡屋

江之電「長谷站」的前一站是「由比ヶ浜站」，正常的邏輯似乎從「由比ヶ浜站」走去由比ヶ浜海岸比較近，事實上更貼近由比ヶ浜海岸的居然是以鎌倉大佛為大家熟知的長谷站而非由比ヶ浜站。不過江之電「七里ヶ浜站」就完全名符其實，走出車站七里ヶ浜海岸就已經進入視線中。

面向七里ヶ浜海岸的咖啡屋，最先想到的必定是來自澳洲雪梨的「bills 七里ヶ浜」，尤其是在全面整修後海景視野又升級了些，持續保持著 Milly 最喜歡的湘南海岸用餐空間首位。

「Double Doors」跟 bills 只隔著條斑馬線，客層和氣氛卻是大大不同。

最根本的差異是，即使穿著沙灘夾腳拖鞋、夏威夷花色短褲，一樣可以毫不猶豫的進入 Double Doors，客層比例也看似當地衝浪客多過觀光客。

Double Doors 不論室內室外幾乎每個位置都可看見海，寬敞

Double Doors

空間、開放廚房、略微大聲的音樂和讓海風縱情吹入敞開的窗戶，都符合著海洋餐廳的理想印象。

不過要說位在七里ヶ浜海岸最極致的面海餐廳，就必定是位在原本面海的大型停車場「七里ヶ浜海岸駐車場」內，於 2015 年 3 月末夏季旺季來臨之前開張，號稱湘南海岸最貼近海岸的咖啡屋「Pacific DRIVE -IN」。

在 Pacific DRIVE -IN 登場之前，除了夏季臨時搭建的「海之家」攤位棚架外，湘南海岸宣稱面海的餐廳、咖啡屋，多是隔著 134 號公路眺望海灣。

從 Pacific DRIVE -IN 白色桌椅露天座，可以眺望江之島風景，天氣狀況絕佳時還可以看見富士山。

這充滿了夏威夷風貌，餐食也偏向美式風格的餐廳，原來背後的企劃者還是同樣位在七里ヶ浜海岸邊上，號稱是世界第一美味鬆餅早餐的「bills」。

走的是夏威夷海岸餐廳的風格，自然少不了夏威夷特色的「ランチプレート（麵包或飯與菜餚等放在一個盤子上的單盤料

Pacific DRIVE–IN

理）」，夏威夷特色鬆餅早餐同樣是大推的 MENU。

在強化地方的前提下，蔬菜無可厚非的是使用鎌倉野菜，麵包是由葉山麵包烘焙屋「wakanapan+SUNDAY JAM」特別製作，咖啡同樣來自湘南的烘豆工房「27 COFFEE ROASTERS」。

INFO

Double Doors

鎌倉市七里ヶ浜東 2-2-2

11:00 ～ 23:00

www.doubledoors.jp

Pacific DRIVE–IN

鎌倉市七里ガ浜東 2-1-12

8:00 ～ 20:00（不定休）

pacificdrivein.com

番外篇：住宿鎌倉 Guest House 穿越山洞去鎌倉大佛

本來以為不會再去鎌倉大佛，在去過了兩回以上之後。不過還是又去了。同樣不單單是為了從正面仰望鎌倉大佛的雄姿，而是想從側面、從背面端看大佛療癒的坐姿。不是挺挺的盤坐而是很放鬆的、略拱著背的坐姿，日本人於是在私下偷偷地說～很療癒呢！看那「貓背的大仏」。

再次前去鎌倉大佛（鎌倉大仏殿高德院）的另一個不太純淨動機，是當日為「萬燈會」祈福活動，下午4點45分～晚上7點半之間，進入鎌倉大佛境內是「無料（免費）」的。

恰巧的是當晚Milly住宿在「鎌倉 Guest House（鎌倉ゲストハウス）」，於是盤算不如換一個前去鎌倉大佛的路徑，不從長谷站也不搭乘巴士，改從「鎌倉 Guest House」一路走去鎌倉大佛。

「鎌倉 Guest House」位在梶原口周邊，Milly是從JR大船站轉搭「湘南モノレール（湘南單軌電車）」於「湘南深沢」下車後，走路前去位在住宅區內的鎌倉 Guest House。

搭乘巴士的話則不論是在鎌倉、大船或是藤澤上車，都是在「梶原口」走個1分多鐘就可以到達。

但是梶原口到底是哪裡呢？很陌生的地名。說得抽象一些，梶原口在鎌倉大佛後方，隔著一座山的後方。

會選擇在這看似偏遠又陌生區域的Guest House住宿，完全是被「囲炉裏のある小さなお宿鎌倉ゲストハウス（有著圍爐的小小的住宿鎌倉Guest House）」的介紹給吸引，透過網站看見的古民家外觀，更堅定了想去體驗住宿的決心。

再者是因為這間Guest House旁的地下室，還有間風味的「TABLE and BAR 10」。

實際住宿後，對於鎌倉Guest House的建築格局和共同空間內的圍爐大喜歡，那緣側、階梯、塌塌米和廚房都好有味道。這棟頗為氣派的木造民宅，原是宮大工（建造神社、佛殿等的職業木工）為自己家人精心建造的屋子。整棟建築沒有用到任何釘子，處處可見工匠技術。

唯一失算的是，本以為「TABLE and BAR 10」只是在週一休息，漏看了每個月第二、第四個周二也不開店的資料，未能如願

的在住宿期間於一旁飄散著爵士樂的風味酒吧晚酌一杯。

根據地圖判斷，從「鎌倉 Guest House」要去大佛，只是走一小段路然後通過「大仏トンネル（大佛隧道）」就可以到達，Milly 就這樣貿然上路了。

的確不是什麼太困難的路徑，大約30分鐘不到即可從「鎌倉 Guest House」走到大佛入口。唯一就是在通過大佛隧道時有些遲疑，不能立即判斷隧道的長度。

從大佛隧道旁階梯進入的「大仏切通し」，是頗為熱門的「大仏ハイキングコース（大佛健行步道）」，只是女子一人又在黃昏前夕不敢也不宜莽然上路。

INFO

鎌倉 Guest House
鎌倉市常盤 273-3
www.kamakura-guesthouse.com

鎌倉大佛

鎌倉大佛包括台座高達 13.35 公尺、重 121 噸，是僅次於奈良東大寺大佛的日本第二大佛像。據知鎌倉大佛建造的起源，是因要實現被奈良大佛深深感動的鎌倉幕府的武將源賴朝的遺志。

1243 年興建當時原來是木製而成，後來受被暴風雨襲擊倒塌，於 1252 年鑄造青銅重新製作，並且全身塗金供奉在大佛殿中。室町時代的一次海嘯吞噬了大佛殿，從此大佛就單獨座落在現在所見的露天台座上。大佛體內稱為是「胎內」，從它體內痕跡中可以想像出當年鑄造過程。

Part. 8

鎌倉花路徑

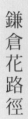

明月院

在夏日開端期待鎌倉繡球花一色

每年6月末~8月間鎌倉是一面紫陽花（アジサイ、繡球花）顏色，雖說鎌倉櫻花也頗有風情，卻不如繡球花這樣獨領風騷。

鎌倉繡球花路徑要從鎌倉的前一站「JR北鎌倉站」說起，同時絕對建議要在「明月院」開門的8點半前到達。

如此才能避開之後一波波湧入的人潮，相對悠閒的漫步在明月院開滿「姫あじさい（公主繡球花）」的あじさい參道（紫陽花參道）。「明月院」之所以是鎌倉最代表性的繡球花名所，在於參道兩側種植的300株以上繡球花都是古來品種而且全是藍色繡球花。

這藍色的繡球花實在太美，還因此出現了「明月院藍」專有名詞，以此來定義藍色花球的繡球花。此外院內在繡球花季節手捧繡球花團的容顏優雅「花想い地蔵」，也是來此悠然賞花人必定要流連的據點。

明月院賞花順線上的小歇咖啡屋「石かわ珈琲」

從明月院出來後右轉走去的山林車道上，有個在咖啡愛好者之間享有名氣的自家烘焙精品咖啡店「石かわ珈琲」。

前去「石かわ珈琲」必須有些堅持力，首先本以為都看見指示牌了應該距離明月院不遠，可是在幾乎以為前方已經不可能有咖啡屋時，才終於瞥見標示牌指向的咖啡屋方位。

要進入這以四十年屋齡老屋改建的咖啡屋，還必須爬上 33 個階梯，因為「石かわ珈琲」位在貼近山壁的高台上。

當然當坐下來喝了店主從世界咖啡農園採購、精心烘焙、一杯杯手沖的咖啡後，前來途中的小抱怨也就瞬間消散。在繡球花季節於賞花後，來此喝杯店長特調推薦的「あじさいブレンド（繡球花特調咖啡）」，自然更是完美的連接點。

「石かわ珈琲」除了咖啡專業外，自家製起司蛋糕的美味，和舒適的店內手機收訊不佳可以盡享安靜，也是特色。

鎌倉市山ノ內明月谷 197-52
11:00 ～ 18:00、11 月～ 2 月～ 17:00（週四五定休）

長谷寺

長谷寺

次於「明月院」的第二熱門鎌倉繡球花名所是「長谷寺」，因為動線上還有鎌倉大佛，於是在繡球花盛開季節，甚至必須勞動寺方出動大批工作人員，拉出單向前進賞花路徑同時發放編號整理券。

長谷寺觀音堂旁石階坡道是通往裏山的順路，繡球花季節這條順路則是可以眺望斜面上多達四十多品種、2500 株以上繡球花繽紛齊放的華麗散步道。

當走到繡球花步道尾端高處時，會出現只在花季出現的絕景。即是以繡球花園為前景看去的由比ヶ浜、材木座、三浦海岸和鎌倉街道景致。

心滿意足觀賞繡球花後，順線上還有突出於見晴台前端，擁有海濱遠望視野露台的「海光庵」茶屋。在這可以吃到長谷寺名物「大吉だんご（大吉利糯米丸子）」和純素的「お寺のカレー（寺廟咖哩）」。

列在名單絕對不能錯過的鎌倉繡球花名所還有「成就院」，需留意的是參道整修至 2017 年後，期間無法觀賞繡球花。

建長寺

其他稍稍冷門卻能相對悠閒賞花的據點，有北鎌倉的「東慶寺」「淨智寺」、江之電沿線上的「極樂寺」站周邊，還有山門前有江之電通過的「御靈神社」。

在繡球花季節即使不刻意追逐賞花名所，依然可以看見花團錦簇的繡球花在寺廟角落、鐵道沿線和不知名的巷道間盛開。其中每回經過都依然會被吸引著停下腳步的，是位在「力餅家」店鋪旁跟著大紅郵筒互相輝映的繡球花叢。

鎌倉寺院襯櫻花古雅情緒

鎌倉最人氣的櫻花名所是「鶴岡八幡宮」和鶴岡八幡宮參道「段葛」的櫻花並木。只是 2015 年興沖沖前往鎌倉賞櫻的遊客可能都頗為掃興，因為原本該是櫻花繁盛的段葛，居然變成了以隔板圍著的「工地」。問了店家才知道，原來趁參道維修時機，同時進行了段葛櫻花老朽度觀察。判定還有活力的櫻花，暫時移植到鶴岡八幡宮「平家池」周邊，等待 2016 年 3 月參道維修後再種回。認定無法繼續順利開花的櫻花則忍痛去除，到時會種植從其他地

東慶寺

建長寺

方移植過來的櫻花。據說之後櫻花木會比原來的 248 株少很多，只保留了 180 多株規模。

拋開這讓人有些遺憾的訊息，鎌倉的賞櫻環境還是很不錯的。

賞櫻名所排第一的是北鎌倉境內有 500 株櫻花的「圓覺寺」、之後是「源氏山公園」「鶴岡八幡宮」和擁有鎌倉最大山門「光明寺」、從總門一路形成櫻花隧道的「建長寺」。對海外觀光客來說最具吸引力的，則想必是以鎌倉大佛為背景入鏡的「高德院」櫻花景致。

Milly 個人則獨愛「東慶寺」以佛像、寺廟和茅草襯托的風雅清幽櫻花景致，此外有說享有「花寺」美名的東慶寺，在梅花盛開的季節最見風情。

東慶寺由北条時宗妻子於 1285 年興建，傳說當年有不少看破紅塵的女子投奔而來，於是又有「緣盡寺」別名。

除了繡球花和櫻花，東慶寺一年四季有著不同的花卉綻放，秋季更有楓紅和杏樹風景。

在裏山泉水滴漏岩壁上，於春季還悄悄綻放著鮮為人知的「岩

煙草（いわたはこ）」小巧可愛紫色花朵。

在四季流轉中品賞花卉風景

鎌倉的花木風景，不同的季節有著不同的顏色，而且諸多寺廟像是「海藏寺」「東慶寺」「光則寺」都享有「花寺」美名。

1月、2月古雅寺廟中或可幸運遇上白雪覆蓋的茶花和梅花，3月底4月初櫻花點綴鎌倉古都寺廟路徑，4月下旬「安養院」的杜鵑繁盛綻放，5月「鶴岡八幡宮」在透明新綠中艷麗綻放著牡丹，「安養院」的杜鵑也同時爭豔滿開，6月是鎌倉紫陽花季節，「明月院」「長谷寺」的初夏菖蒲也同時爭豔。

7月8月9月各式花朵爭相綻放，7月「鶴岡八幡宮」的蓮花、8月「本覺寺」的百日紅（紫薇）、9月「寶戒寺」的荻花。

之後經過一段沉澱，在十月末鎌倉準備迎向另一個豐饒季節，那是以紅葉、銀杏編織的不同層次秋色，「光明寺」的銀杏和「英勝寺」，「明月院」的紅葉尤其展現著讓人屏息的絕美，不可錯過的還有「鎌倉文學館」在11月進入最盛期的玫瑰園。

Part. 9

改變是：從「來到」鎌倉變為「回到」鎌倉

已經不知道是第幾次來到鎌倉，知道的只是「離開」後還會「回到」鎌倉。

湘南、鎌倉跟東京不過是60分鐘多些的電車距離，可是時間的節奏卻完全不同，像是兩個齒輪構造不同的時鐘，東京滴答滴答滴答的時間聲音，在進入鎌倉後就變成了滴～～～答……滴答……滴～～～～滴答的鎌倉聲音。

在一次一次的鎌倉小旅行中，Milly學著去體會這地方來自山林、坡道、海平線的魅力，以寺廟、海潮、陽光為節奏的時間，同時也思索著理想生活中真正可以去珍惜的是什麼。

試圖更貼近鎌倉人用心經營的日常，Milly開始嘗試預約鎌倉旅宿，以住在鎌倉來擁有這個地方的日出日落，讓海與風理所當然的存在，度過一段未必很長卻憧憬的一般日子。

以往多是趁著住宿在東京、橫濱的HOTEL，就近往返鎌倉小旅行。

初期除了不知道怎麼度過鎌倉的夜晚而迴避留宿鎌倉，更大理由是沒能找到引起動機住宿鎌倉的HOTEL。

直到發現了距離江之電起站「藤澤」走路2分鐘，一間透過設計展現海岸城市風的商務旅宿「8 HOTEL」，這才是開啟了住宿湘南、鎌倉的第一步，開始「如日常般的度假」。

正因為如此，即使日後陸續發掘跟湘南、鎌倉氛圍更適切的住宿，即使「8 HOTEL」可能未盡完善仍有待加強的缺失，都還是持續將這HOTEL排入住宿的計畫中，同時嘗試住宿不同氣氛房型。

住宿在「8 HOTEL」，清晨起床隨意穿梭在未知的周邊住宅區散步，遇見雨中美艷孤傲的櫻花樹。搭上最早班往鎌倉的江之電電車，提前在「鎌倉高校前站」下車只為了望去那溫柔海面晨光，之後再前往面海的bills享用早餐。

炎熱夏日，上午在鎌倉遊晃後回到「8 HOTEL」，先在一樓的「8 CAFE」喝杯清涼飲料，之後開著冷氣睡個舒適的午覺，待天氣涼爽些的午後，才又梳洗打扮愉快的前去鎌倉站旁小町通商店街喝酒淺酌，在一日結束之前帶著微醺的步伐搭上穿越夜色的電車回去。

有時會在「8 HOTEL」所在的周邊巷道內，找間風味實在的居

酒屋，在睡前喝杯日本酒吃些串烤雞肉。有時哪都不想去，就在散　步路上或是在藤澤站內的美食街，買些麵包、沙拉和熟食，利用「8 HOTEL」四樓廚房稍稍調理當晚的晚餐。

一次次的住宿之下，有時都不由得會想像「8 HOTEL」已然是自己在鎌倉的一個家。

定位為 URBAN & RESORT 的「8 HOTEL」於 2011 年 8 月開業，是兼具都會和度假功能的 HOTEL。在位置上距離藤澤站南口走路約 2 分鐘，藤澤站本身是 JR、小田急和江之電三個交通線的匯集點，交通上算是便利。

透過訂房網站預約，經濟單人房有時一晚不過是 5000 日圓，單人房有些小但是清爽簡約，尤其是喜歡那放置吹風機、電腦線等的布包袋設計。單人房兩人住宿時大約是 7000 多日圓，十二樓頂樓的雙人床則大約是 9000 多日圓。

十二樓最高樓層設定為「G-FLOOR」，這層樓有著陽台和牆面繪圖的大房間必須加入會員才能預約，價位則是在 18000 日圓上下。

8 CAFE

INFO
8 Hotel · 8hotel.jp

作為鎌倉最貼近的住商密集入口站，藤澤站原本就有著比鎌倉站周邊多很多的商務 HOTEL、觀光飯店。近幾年來隨著觀光人潮的湧入，不少資深的 HOTEL 透過改裝全新開幕，也有不少新的連鎖商務 HOTEL 在藤澤佔據地盤。

Milly 曾經體驗住宿的商務旅館「相鉄フレッサイン　藤沢駅南口（Sotetsu Fresa Inn 藤澤站南口）」，距離藤澤站南口不過是走路55秒的距離。

房間很乾淨機能完善，更重要的是如果利用提前28天的預約方案，單人房甚至一個晚上 5000 日圓上下即可住宿。

INFO
相鉄フレッサイン
fresa-inn.jp

除了選擇增多的商務旅館和原本就有的度假風味 HOTEL、

相鉄フレッサイン

傳統觀光旅館之外，湘南、鎌倉近年來陸續有幾間高質感度假HOTEL開業，惹得Milly忍不住不惜敗家也要去體驗住宿。當然最讓人雀躍心動的，還是在期待中終於出現了幾間將老屋、古民家翻修改建的Guest House和民宿。

例如，位在材木座住宅區內的「亀時間」和「湘南Guest House耳日」、在通往鎌倉大佛健行路線上的「鎌倉Guest House」、擁有最接近鎌倉車站地利優勢的「月の宿」和靠近長谷站周邊主要觀光動線上的「IZA鎌倉Guest House」等等。

INFO

亀時間・kamejikan.com
湘南 Guest House 耳日・mimichi.com
月の宿・tsukinoyado.com
IZA 鎌倉 Guest House・izaiza.jp

以書店發訊的鎌倉美好生活樣式～「湘南 T-SITE」

位在藤澤和辻堂之間於 2014 年 12 月 12 日開幕的「湘南 T-SITE」，是由蔦屋書店規劃提案的生活主題商業複合設施。隨著這不斷在日本各地方帶動消費話題的集團進駐湘南，Milly 選擇繼續住宿藤澤的意願也就更高了。

「湘南 T-SITE」坐落的寬敞腹地，原本是松下電器的舊廠區，區間以三棟兩層白色建築的 1～3 館構成，就近觀察可以發現白牆上有著突出的蔦葉圖案。

建築設計跟代官山蔦屋書店（代官山 T-SITE）一樣，是由英國建築設計事務所 Klein Dytham architecture 擔當。規模上「湘南 T-SITE」是「代官山 T-SITE」的兩倍，放置的雜誌數量更是多出「代官山 T-SITE」2000 冊以上，高達 1 萬 2000 冊，書店之外還有跟書店空間融成一體的三十多間商店和餐廳。

Table Ogino

湘南 Lounge、Fab-space

三棟建築分別以生活新提案、美食家居和家族為主軸。1館一樓有以旅行、設計、流行、人文為主題的書店書籍、雜誌區和蔦屋書店系列不可或缺的星巴克空間，Milly在昏昏沉沉的中午前來，就會先點一杯咖啡再找張舒服的座位，翻閱雜誌上上網。據知這間星巴克在設計上放入了海洋元素，不單是沙發座位多是藍色，牆面的磁磚也是藍色。

店家方面有旅行主題商品專賣店「globe walker」、設計風文具、眼鏡、雜貨店「TOUCH&FLOW」和提供列印等服務的相機周邊專門店「カメラのキタムラ」等等。

此外認為一定要去看看的，還有提供流浪狗與領養者之間溝通空間的「GREEN DOG」。想要收養動物的人可以在此跟狗狗親近接觸，還可以在工作人員陪伴下來到一旁專設狗狗運動場地，嘗試著跟狗狗一起玩耍、散步，確認彼此是否心意相通。店內也提供一般寵物的有機食物和用品，收益會使用在保護狗狗的相關費用上。

1號館的二樓還有蘋果（Apple）專門店與T-SITE Apple Authorized Reseller、設計生活用品店「KONCENT」、「TSUTAYA」

LIFE sea

LIFE sea

本業的DVD出租服務和讓人很好奇的「SURUGA bank」銀行諮詢投資理財櫃檯。

其中空間非常時尚摩登的「湘南ラウンジ・Fabスペース（湘南Lounge、Fab-space）」，客人可以拿著外帶的星巴克飲料和一旁櫃檯購買的飲品，在此聊天或是獨自放鬆，空間內也會不定期舉行活動。

2號館的主題是「慢食與慢活」，不論是出版物或商店都是以食物為中軸，也是「湘南T-SITE」內的主要用餐空間。

由東京人氣麵包咖啡屋「BREAD,ESPRESSO &」企劃經營的「BREAD,ESPRESSO & 湘南店（開幕初期原店名是midi à midi）」8點開始以早餐營業，Milly初次從藤澤花了大約1個多小時清晨散步走到「湘南T-SITE」，正是為了要來到這裡吃美味的麵包早餐。

之後又選擇在週末假日，於藤澤站周邊搭上「湘南T-SITE」接駁車（コミュニティバス）」，來到2號館2樓的義大利風味咖啡屋「LIFE sea」享用豐盛的早午餐。

LIFE sea

為什麼是吃早午餐而不是早餐？首先因為從藤澤發車的第一班車是上午10點，到達「湘南T-SITE」大概是10點15分，因此即使「LIFE sea」週末假日是在9點半開始營業，一樣是吃早午餐較為合理。當然如果不想被免費接駁巴士的時間牽制，則可以選擇於藤澤站北口搭乘巴士於「藤沢SST前」站下車，車程大約是10分鐘。

「LIFE sea」的空間設計極有風味，天氣好時陽光充分透入更是舒服，從Milly選擇的半閣樓座位還可以看去餐廳中央的小小樹屋。此外或許很難想像，不過據說從「LIFE sea」的露天座位，在天氣條件絕佳的情況下還可以看見富士山。

當日吃的份量十足週末假日限定早午餐「モーニングプレート」，包含沙拉和麵包、番茄起司肉醬和培根是1180日圓，多加210日圓可以選擇咖啡、果汁等飲料。

午餐的選擇不少，最熱門的每日菜色不同，2160日圓包含前菜拼盤、沙拉、義大利麵和飲料、甜點的該店招牌「スローランチ（慢食午餐）」。

星巴克湘南 T-SITE 店

2號館二樓的「THANKS ON THE TABLE」是以慢食為指標的大眾化食堂，食材自然要遵行慢食「地產地消」精神，堅持採用湘南地區的蔬菜和漁獲。

除了用餐空間，2號館有趣的店家，還有健康概念米麴発酵專門店「千年こうじや」、日本設計生活雜貨店「CLASKA Gallery & Shop "DO"」、電動自行車店「motovelo」、生活大師糸井重里規劃的「本と物の店」、石見銀山群言堂的「gungendo」和料理道具店「釜浅商店」等等。

在最裏側同時沒有跟1、2號館相通的3號館以家庭為主軸，設有料理教室、兒童英語教室和親子互動空間，同時還有符合家族各自愛好，可以喝啤酒、吃三明治、甜點的咖啡屋「WIRED KITCHEN」。

INFO

湘南 T-SITE

藤沢市辻堂元町 6-20-1・8:00～23:00（各店鋪營業時間及定休日請見官網）

real.tsite.jp/shonan/

如果在鎌倉擁有一個期間限定廚房？

「湘南 T-SITE」因地緣關係比起代官山、二子玉川的 T-SITE，更偏重在「食」方面的店家和提案。「湘南 T-SITE」每週六上午 10 點～下午 3 點，會於 1、2 號館中間的停車場，舉行名為「湘南市場（湘南メルカート）」的有機農作和加工食品的青空市集。所以如果住宿在有共用廚房的 Guest House、擁有簡易調理空間的「8 HOTEL」，甚或是得以租借了短期租約公寓，那麼就可以善加利用這有機市集採買食材。同時「湘南 T-SITE」內也有提供法國料理外帶熟食的「Table Ogino」，如果買了「BREAD,ESPRESSO &」的出爐麵包，不妨也去「FRESCA」挑選口味豐富的果醬。除了「湘南 T-SITE」給了自炊的各式美好聯想，在靠近鎌倉車站的「鎌倉中央食品市場」採買當晚料理的「鎌倉野菜」，其實也是不少人憧憬多時的想法。

沒有可以料理的廚房但依然想更深入介入鎌倉的日常美食，Milly 實踐過的推薦是前往鎌倉西口「紀伊國屋超市」購買小包裝的老鋪風味「鎌倉火腿」，配上東口旁「豊島屋鎌倉駅前扉店」的麵包。去到御成通商店街酒屋「高崎屋本店」購入在地「鎌倉啤酒」或是小樽日本酒，接著在御成通商店街旁小巷弄內的無國籍熟食、便當店「Yukkohan」採買當晚現成菜餚，如果不想吃麵包則可以在買菜餚配上雜米飯。鎌倉的商店街或是住宅周邊這類風格清新的外帶熟食屋（お惣菜屋）不少，品質也意外的不輸給餐廳甚至更有特色。

當想要小奢華的吃些美味好肉，則大大推薦位在御成通商店街與若宮大路間平交道旁的「肉の石川 本店」，高級生牛肉價位太高難以下手沒關係，可以改買以高級黑毛和牛料理的 580 日圓多汁現做漢堡排，回到飯店只要微波一下，風味不減依然美味。

Part. 10

江之電日常風景

很難想像若是鎌倉沒有了江之電會是什麼模樣，正如有時候會想如果鎌倉沒有這樣貼近東京會是什麼模樣。

江之電。

是散步的電車。

車站距離剛剛好，行駛速度剛剛好，車站大小剛剛好。散步中有時興致來了就跳上電車坐個一兩站，有時只是沿著鐵道看著電車與周遭融入一體的風景，有時則是倚賴著電車「叮噹叮噹」穿越平交道時的聲音確認自己所在的方位。

喜歡坐在江之電時身體搖晃的小小節奏，更喜歡早班車、晚班車少了觀光客身影後的日常感覺。

在2010年滿一百歲的「江ノ島電鉄」略稱為「江ノ電」，中文就是江之電。

據說到底該寫成「江の島」還是「江ノ島」，即使本地人都很難斷定，但是「江ノ島電鉄」就是寫成「江ノ島電鉄」，江ノ電從來不會出現「江の電」字樣。

扇屋

江之電是連結山與海的電車，正式來說江之電是屬於「路面電車」，因為當電車到達「腰越站」之後朝向「江ノ島站」行駛時，電車會進入一般車輛行駛的大馬路。同時電車在路面行駛時會經過「龍口寺」，也是江之電最貼近寺廟的路段。

當電車要從商店街寬廣大路繞入老屋夾道的窄小路線前，會發現一間彷彿有輛電車即將駛出的老鋪，那是販售有「江ノ電もなか（江ノ電最中）」和風點心的老鋪「扇屋」。

店內鑲入電車頭可不是拼湊出的假貨，而是真正的江之電「600形電車」車頭。「扇屋」是名符其實的鎌倉老鋪，創業於江戶時代天保年間（1830～1847年）。

當然不變的是，Milly最喜歡的依然是「七里ヶ浜站」「鎌倉高校前站」路段間，認為這是江之電演出最精采的路段。

電車從「七里ヶ浜站」駛出後，先是穿過住宅區然後一個小轉彎一瞬間就看見了海。

不過單論從電車車窗看去的海景，則是「七里ヶ浜站」「稲村ヶ崎站」間的海岸線最有味道。然後不論是清晨、黃昏，江之電

鎌倉高校前站

最美好的車站勢必是面海的「鎌倉高校前站」，每回來到鎌倉都要在這小小的車站下車，坐在無人車站月台長椅上凝視大海，幾乎已經成為一種「儀式」，確認著自己依然如此的喜歡著擁有江之電的鎌倉。

除了海的風景之外，Milly也喜歡透過車窗去確認一些貼近電車路線的商店。

「鎌倉」「和田塚」站間吃蜜豆冰的「無心庵」、「極樂寺」「稲村ヶ崎站」間的好吃叉燒肉鋪「稲村亭」和「七里ヶ浜站」「稲村ヶ崎站」的古物家具屋「R antiques」和分店「R No.2」。或許有些小題大做也不一定，但是每當從車窗捕捉到這兩間古道具屋的「R」字符號，即使只是模糊一瞬，都已然幸福。

R No.2

稲村亭

INFO

扇屋
藤沢市片瀬海岸 1-6-7
9:00 ~ 17:00

稲村亭
鎌倉市稲村ガ崎 1-13-25
9:30 ~ 18:30（週二及每月第三個週二定休）

R antiques
鎌倉市稲村ガ崎 3-7-14
12:00 ~日落（週一二定休）

R No.2
鎌倉市稲村ガ崎 2-4-21
12:00 ~ 18:00（週一二定休）
r-kamakura.com

502

Part. II

認識 Deep 的鎌倉由「材木座」開始

鎌倉的幸福單位是小小的。
小小的咖啡屋、小小的旅宿、小小的海鮮餐廳、小小的飄散著海風的商店街。
鎌倉擁有太多可以轉換氣氛的小小角落，不過有時～光是從小路這端看見海就已經是一切。

衝著偶然在日文雜誌上翻看到，在地湘南自由人說的一句話：「想要體驗在地人的氣氛，就來材木座散步吧！」，Milly於是踏入了以往來到鎌倉時，從未探訪過的「材木座地區」。
鎌倉本是同時具有地方悠閒和城市便利的區域，材木座則相對於鎌倉車站周邊、長谷、江之島，更為休閒時間舒緩的住宅區。
只是或許不少原本就避開以觀光客為客源的個性店家，有感於鎌倉車站周邊觀光範圍的擴大和入侵，紛紛朝向更「裏」處的鎌倉過日子，於是在材木座漫步期間可以不時發現一些參雜在住宅區間，很有味道的小鋪、餐廳或是咖啡屋。
對了～據說材木座甚至連一家「超商」都不存在，可見這個地區的自主獨立性。

—— 材木座到底在哪？——

「材木座」大致區塊是指橫須賀鐵道線、若宮大路和材木座海岸之間的區域。

從鎌倉車站搭乘「鎌 40」巴士，到達「材木座」巴士站大約 10 分鐘，車資 190 日圓。

從鎌倉車站走去「材木座」意外的也不致於太遠，通過若宮大路「下馬交叉點」後，往一旁大路走去，就已經進入了材木座區域。

Milly 首次前往是沿著由比ヶ浜海岸步行去材木座海岸，在海岸咖啡店吃了早餐後，再從材木座海岸走去境內「光明寺」和住宅區。回程則是選擇沿著鎌倉僅存的唯一銭湯「清水湯」前的大馬路，一路走向鎌倉主街道之一的若宮大路。所以當再次前往材木座的「28bal」吃中飯時，就改由通過「鎌倉中央食品市場」後與若宮大路交接的鐵道旁坡道繞路進入材木座區間，其實意外的不是艱辛的步行路徑。

說真的（笑）即使是現在依然不是很確認到底到哪裡為止就不是材木座，只是單純的喜歡這區間的氛圍，喜歡這裡小店的悠閒。照日本人的說法就是，沒有觀光客出沒的材木座，飄散著「ゆるい（和緩的）」的空氣、和緩悠閒的空氣。不過可能真的就是太悠哉悠哉了，每回走著走著就在住宅區的巷道間迷失了方位，所以建議在材木座遊晃時，除了手上預先準備的地圖外還可以幾個地方為「標誌」來辨認方位。

第一個標誌是「材木座」公車站牌。

在這站牌旁有著兩個女子經營的咖啡屋「MILL COFFEE & STAND（ミルコーヒー&スタンド）」，咖啡屋對面是蕎麥屋

店「土手」。往「九品寺」方向走去，到了九品寺交叉點左轉就可以看見老屋改建的 Guest House「亀時間」，亀時間旁邊是材木座郵局，郵局旁邊有著曾經獲得米其林一星三年以上的知名蕎麥麵店「梵藏」。

同樣以「材木座」公車站牌為起點，往材木座海岸方向走去，在面海位置上有夏威夷手工甜甜圈咖啡店「HOA CAFE」、東南亞風情咖啡屋「Asian Café Dining PORT」、南國風料理食堂「PIGGY'S KITCHEN」。

因為隔著車流往返頻繁的海岸公路，所以要從海邊來到這些咖啡屋或是從咖啡屋、住宅區前去沙灘，都要利用公路下方的通道。

清晨散步在材木座海岸是很舒適的，看著狗兒跟著主人愉快的走著或是在沙灘上奔跑，跟著帶著衝浪板的居民擦身而過，看著海面上趁著陽光還不熾烈的衝浪者，眺望著閃著十字光的海面和一旁的逗子碼頭、小平飯島公園。

眼前平和景致光是看著眺望著已經很愉悅，興致來時還可以學著日劇中的男女主角，在沙灘上撿拾有著櫻花粉紅色澤的小小「櫻貝」。據說以往還曾經數度看見海龜來到這海岸產卵的目擊情報，

光明寺

清水湯

近年來則較少聽見這樣的訊息。

夏日旺季中材木座海岸會以海水浴場形式開放兩個月，這時沙灘上還會搭建啤酒、炒麵、披薩、烤雞串等的「海之家」夏日臨時攤位，期間還會舉行盛大的煙火大會，整個景致想必又是完全不同的風景。

材木座的第二個標誌點是「光明寺」。前往光明寺可以直接搭乘巴士在「光明寺」下車，或是從海岸走到「豆腐川」旁地下通道走去也可。即使是從「材木座」公車站牌沿著住宅區的小路走去也不是吃力的距離，甚至一路看著路旁的風味老宅、懷舊人情商店，慢慢的遊晃過去更有樂趣。

Milly在3月尾聲前往光明寺，原本是為了看看有沒有機會看見殘留的櫻花。怎知櫻花早已經飄落變成「葉櫻」，可是意外的收穫卻是被寺廟境內的美貓們給徹底萌到。

光明寺是淨土宗七大本山之一，山號「天照山」奉祀本尊阿彌陀如來。後來才知其實對愛貓人士來說，這裡更是有著貓寺（ネコ寺）之稱的貓咪樂土。

花季已過寺廟已經不見人影，只見貓咪們一派悠閒的在寺廟角落曬太陽、伸懶腰。當日所見的每隻貓咪都毛色油亮蓬鬆，看似都受著很好的照顧。尤其是在山門遇見的那兩隻美貓，在陽光下毛色耀眼又柔和，更是讓 Milly 看得出神。

喜歡貓咪的人必定會很喜歡這幽靜的寺廟，寺廟本身其實也很有看頭。貓咪們悠閒曬太陽的山門，據知還是鎌倉寺廟中最大的一座山門。登上光明寺的裏山，更可登高看去材木座海岸風景。

看著悠閒貓咪的模樣，不由得也開始試圖以貓的氣氛散步。

材木座的日常如此悠然紓緩，想要更貼近體驗，能住在這裡是最好。

原本未必是得以輕易實現的想法，在 2011 年一間以八十九年古民家「亀時間」改裝的 Guest House 出現後，這願望就可輕易達成，讓遊人也可以奢侈的做一、兩日材木座居民。「亀時間」取名為「龜時間」，正是希望來此住宿的人能以「烏龜般緩慢的步調」體驗鎌倉日常，同時也跟德國童話作家 Michael Ende 作品

亀時間

亀時間

《momo》故事中，將偷去時間還給人類的女孩 momo 身旁的烏龜有關。

「亀時間」的格局就是一座有著緣側、廚房、客廳、花園的家，有和室個室和有三張上下舖的合宿房等兩種住宿選擇。房費從一張床 3200 日圓，到獨佔一個四人塌塌米房間的 16000 日圓不等。門口、玄關和客廳貼著咖啡色磁磚，看起來似乎跟通常住家的裝潢不太一樣，原來在被改裝為 Guest House 之前，這古民家還曾經是「牛排館」。

Guest House 沒有可以烹飪的共用廚房，但是共用客廳和餐廳內有茶水、咖啡等可自由沖泡的飲料，同時提供早餐。

上方擺設有特殊氣派神棚的用餐空間，在週末會以咖啡屋「Cafe Kamejikan」的形式對外開放，營業時間是 12:00 ～ 16:00。負責咖啡屋餐食的是曾經在法國住遊超過兩年的女子，「We are what we eat.」是她的料理理念。

Milly 前去時看見不少看似不是住客的附近居民或遊客，也會來此享用健康美味的「亀時間定食」，咖啡屋的私房飲料則是加入

了萊姆酒的「大人的牛奶咖啡（大人のミルク珈琲）」。

每個月的第一和第三個週六晚上，同空間會改以「ヨルカメ（yorukame、夜間烏龜）」的酒吧形式，營業時間是 19:00～22:00，同樣是對外開放，店長則改為旅居印度多年，擁有印度等異國餐廳經營資歷的夫婦。

附近居民也會趁機來此喝杯酒聊聊天，因此不失為一個跟當地人交流的好時間。

如果想住宿在「亀時間」，先是在住宿後喝杯下午茶、晚上淺酌一杯，第二天再享用住客獨家享用的早餐，則建議要刻意的將住宿時間安排在咖啡屋、BAR 都開放的每月那兩個週六。

INFO

亀時間

鎌倉市材木座 3-17-21．Kamejikan.com

不過即便是無法這樣順心如意的計算住宿日期，住宿「亀時間」兩天一夜的時間，一樣可以充分利用周邊美好空間。

MILL COFFEE & STAND

在海岸餐廳吃早餐、看黃昏吃南洋風味晚餐、在「MILL COFFEE & STAND」喝來自世界農園的手沖咖啡、享用米其林蕎麥麵、去懷舊商店街的老鋪買零食、到「清水湯」泡湯、買「べつばらドーナツ」的手工甜甜圈或是「満」的美味家常便當，入夜後還可以前往「28bal」喝著紅白酒配上帥哥料理的關西口味黑輪鍋。

位在「材木座」巴士站牌旁的「MILL COFFEE & STAND」，光看外觀氛圍已經可以預感這是間可以小幸福的咖啡屋。真要問為什麼？也說不出什麼所以然，但是如果是喜歡情緒好咖啡屋的人，在經過這間咖啡屋的時候一定不可能不停下腳步。

不過有趣的是某些人可是為了買麵包才「誤闖」進這間咖啡屋，因為這裡在 2013 年以前都還是人氣麵包屋「窯」的店面，目前不論是外觀和內裝也都維持著原本麵包屋的模樣。

推開由住在湘南的插畫家所繪製的清新插畫玻璃門進入店內，心中立刻浮現出「勝利」手勢，果然是自己會喜歡的咖啡屋樣式，

不論是桌椅色調、牆面磁磚、小窗透入的光線和半身高度的咖啡調理櫃檯都好喜歡。

店主是從東京移住過來的二十多歲女子，店內於是有著溫柔氣息和小時尚品味。

點的拿鐵以北歐風杯子端上，苦味適度風味扎實的咖啡，配上濃郁手工香蕉蛋糕恰到好處。店內使用的咖啡豆來自茅ヶ崎的烘焙工房「I don't know coffee roaster」，在店內也可以購買咖啡豆。7點半開店，所以也是很棒的早餐選擇。午餐有份量十足的酪梨鮮蝦、生火腿起司三明治，綠咖哩和漢堡排等選擇，店內不定期會舉行女子喜歡的小器、雜貨或是花藝展覽。

對了，店家資料顯示，從鎌倉車站走到這裡大約是25分鐘，藉此可以大致推算一下材木座跟主要觀光區的相對距離。

INFO

MILL COFFEE & STAND

鎌倉市材木座 5-14-18

7:30～17:00、週六日～18:00（週四定休）

満

要前去「28bal」和「満」，要大概掌握的材木座第三個提示座標是「清水湯」。

昭和風情外觀已有將近六十年歷史的清水湯，是鎌倉僅存的銭湯（大眾澡堂），位在「水道路交叉點」轉入的路口上，距離鎌倉車站大約是走路15分鐘的距離。可能是利用的人數已經減少，所以現今清水湯只在週二～週四和週日的下午3點～晚上9點營業。

從水道路交叉點往鎌倉若宮大路方向走去，看到「鎌倉いずみ幼稚園」後左轉就立刻可以看見掛著藍底貓咪圖案暖帘的自然風料理食堂「満」，從幼稚園右轉直走一段路則是大樹下的「28bal」。兩間店都標明從鎌倉站東口走來約10分鐘，搭乘巴士於「臨海学園」站下車距離「満」很近，前往「28bal」則是在「病院前」站下車較近，於「臨海学園」下車前往也不遠。

「満」是年輕夫婦經營的定食、外帶和小酒館食堂，一直想要體驗被當地人大稱頌的料理和店內自在的氛圍，可惜尚未找到機會前往，暫且依然放在「待前往」的憧憬名單中。

28bal

INFO

滿

鎌倉市材木座 3-3-39

11:30 ~ 14:00、18:00 ~ 22:30（因為是悠閒的老闆所以開店時間都是大概）

週二、週四只在晚上時段營業，週三和每月第三個週二定休

「28bal」則是無意間路過，被跟周遭住宅區風格明顯不同的外觀吸引，進去吃了意外美味又豐盛的午餐。

說意外是因為，店內裝潢怎麼看都像是時尚歐風酒館，可是端上的黑醋鎌倉野菜雞肉午餐卻是火候到位、風味到位、配色更是精采，更別說那味噌湯居然還喝出媽媽的味道。

以這份加入多種鎌倉野菜的主食，配上午餐時段提供的紅酒餐酒，同樣是接近完美的組合。因為看見站在豐富藏酒吧台後負責點菜的男子，帥氣到不像是會好好工作的傢伙，就擅自推測可能廚房內的帥哥（自己擅自猜想）應該也做不出什麼像樣的料理，誰知居然是顛覆邏輯的確實美味。正因為如此，當發現午餐配飯是健康雜米飯，菜單上還出現了「烏骨雞藥膳擔擔麵」時，就一

28bal

28bal

點都不會大驚小怪了。

在平日快過了用餐的時間前往吃午餐，店內除了 Milly 之外，只有已經在櫃檯座位用餐的小帥哥（真的是貨真價實的傑尼斯系花美男）。花美男一臉幸福的吃著份量十足的午餐，吃完後還超開心的對店員說，這裡的午餐太好吃了！可不可以再來吃午餐！（哈）當然可以。

另一個意外是，「28bal」入夜後會以 WINE BAR 的形式營業，但是下酒菜最受歡迎的卻是店主推的「黑輪鍋」。聽著爵士樂，吃著京都風味的黑輪鍋，是一種衝突的美學。這時也比較能明白，為什麼店的全名是「ODEN&SAKE NYA bal」。

店內的裝潢其實也很有衝突的美學，建築本身是典型的日式古民家，店內依然可見和風建築特徵的梁木和格子窗。但是入口處頗有氣勢的歐風酒吧、紅磚牆面和美式古董擺設又是完全西方風格。東方與西方在同一空間內，卻是毫不衝突的完美並存。原來「28bal」背後有著強大的裝潢設計公司為後盾，店內的古董擺設、家具也提供販售。

28bal

28bal

註：目前 28bal 暫停午餐時段的營業，不過夜晚的黑輪與酒還是令人充滿期待。

INFO

28bal

鎌倉市材木座 1-6-22

15:00 ～ 22:00（不定休）

Part. 12

在鵠沼海岸的「好好生活」中度假

鵠沼海岸屬於藤澤市，自稱是日本衝浪、沙灘排球等海灘運動的發祥地。鵠沼海岸住宅區面向134號海岸公路，左邊望去是江之島，右邊望去是富士山。所屬1.5公里長的海岸沙灘，有著「鵠沼海岸海水浴場」「鵠沼運動公園」「湘南海岸公園」。

隨著大型別莊的開發計畫，鵠沼海岸也儼然成為了日本最具代表性的海濱度假區域。

以上，都是網路上臨時惡補的官方資料，在預約住宿位在鵠沼海岸的度假旅店「BREATH HOTEL」之前，Milly完全沒認真在乎過鵠沼海岸是以怎樣的樣貌存在，前往鵠沼海岸單純只是為了住宿「BREATH HOTEL」，度個從東京大都會脫出的小假期。

沒預設過多的期待值，只是有些冒失的闖入周遭住人用心維繫的「簡單生活」「好好生活」「樂在生活」的環境，卻因此在愉悅度假同時也收獲了美好生活的提示。

窗外偶而可見富士山的「BREATH HOTEL」

面向相模灣偶而可以看見富士山的度假飯店「BREATH HOTEL（ブレスホテル）」，最靠近的下車站是小田急江ノ島線「鵠沼海岸站」。但從鵠沼海岸站走路過去也大約要15分鐘以上，所以預約後請HOTEL在「鵠沼海岸」站接送才是上上策。

此外，BREATH HOTEL在宣傳上號稱距離江之島、水族館很近，其實沿著海岸步道走去也要10多分鐘，以交通動線來看真的不是很理想的住宿選擇。

可是換個角度來看，正因BREATH HOTEL缺乏遷就觀光客的順暢動線，於是住宿期間反而能更貼近面海公寓居民的生活圈，以不同情緒短暫體驗了在地人步調，當然是帶著度假意味的小奢華日常，說是模擬了兩天一夜的憧憬日常也不為過。

BREATH HOTEL定位為「hospitality」住宿設施，就是不單單提供住宿服務，不是企圖以豪華、商務或是餐飲取勝，卻是在湘南豐饒自然中以無微不至的貼心款待，讓客人能身心

放鬆之後再次面對挑戰的休憩停滯點。HOTEL 標榜「Stay For Tomorrow」，為了確保這訴求，還婉拒十六歲以下的住宿客人。房間自然都是面向大海的，可惜隔著公路和海濱公園，海景未必符合預期。住宿前還必須要有心理準備，HOTEL 本身跟一旁公寓、商場和度假屋緊密相連，論外觀氣勢可能沒有，大廳也只能維持大概規模，同時幾乎沒有稱得上是花園、庭院的綠意空間。或許是要彌補這些地利上的不足，於是房間設備和規劃就格外用心著力。

依照價位、設計風格、空間大小有九種房型，Milly 選擇了可以眺望江之島、相模灣和富士山的三樓「Grand Ocean Double（グランドオーシャンダブルルーム）」雙人房一人住宿方案。

住宿這樣的海景房間，必須遇上絕佳好天氣才能充分享用。運氣不錯的是的確遇上了好天氣，可在午後黃昏觀看遠方海面同時，也如願從房間看到雄偉的富士山風景（當然說是富士山輪廓會更貼切，不過已經可以充分滿足）。

特別訂製的大型睡床非常非常舒適好睡，浴室寬敞沐浴用品充實，check in 時還送上份量十足的盥洗保養品。房間放置著空氣

清淨機和加濕氣，電視除了視聽娛樂同時可以無線上網，茶几櫃上有高規格音響、精油蒸發機器和附上不同風味的膠囊咖啡機。

房間沙發刻意將椅腳設計較低方便眺望風景，Milly 在此沙發座位享用從一樓吧台任選，作為 welcome drink 的瓶裝漂亮檸檬啤酒，也在此度過黃昏時分以富士山為風景的咖啡時光和湘南食材和風早餐時間。

BREATH HOTEL 沒有餐廳，早餐是跟附近餐廳合作的五種外送選擇。有的預約方案包含了 HOTEL 附近老鋪法國餐廳「三笠會館鵠沼店」的晚餐套餐，有的則是附上 2000 日圓等值的周邊餐廳使用折價券。

住宿期間 Milly 利用地利之便，前往周邊平日較少踏足的區域。先是提前將行李寄放在 BREATH HOTEL，之後前往鵠沼海岸站周邊商店街喝咖啡、吃精緻午餐套餐、買點心風味麵包。回到 HOTEL 完成 check in 在房間小歇喝啤酒後，沿著海岸走去江之島登高欣賞早開的櫻花。在暮色漸漸降臨前離開江之島，邊欣賞著眩目的海濱夕陽邊散步返回 HOTEL。如此迎著清涼海風走著

走著，竟真的有些自己正居住在此的錯覺。

不匆不忙地在疲累的歸途中，讓住宿在度假地的花費因此值得。晚餐選擇在鵠沼海岸商店街周邊的法國料理食堂，喝著店家精選的紅白酒配上以地方食材料理的美味法式鄉村美食，然後在美麗的月色下踏著微醺腳步走回 BREATH HOTEL，泡了個舒適澡，打開音樂，放鬆入眠。

INFO

HOTEL BREATH

www.breath-hotel.com

● 愛海夫婦的溫馨「7325 咖啡屋」

「7325 コーヒー」位在鵠沼海岸站前商店街後段的街角位置，海風吹佛下有些褪色的白色木材建築外觀，帶著些許美式小站咖啡屋風味，玻璃窗上、看板上、牆上的插畫圖案則又添加了些俏皮味道。

咖啡店外觀畫上的大人與小孩一起喝咖啡吃點心的插畫圖案，是希望這是一間不單是媽媽帶著小孩，即使是「爸爸帶著兒子」一樣可以輕鬆自在前來的咖啡屋。

一般人來到總會好奇這以數字拼湊的店名「7325」，本以為店名由來只是一些開玩笑的無心插柳，看了咖啡屋官網上說明才知，原來咖啡屋靠近海岸又是在311東日本大震災後開店，「7325（ナミニコ）」的日文數字發音，隱喻著希望可怕的大浪不要來到這裡的意思。店主夫婦都是愛海的人，兩人在衝浪時認識，於是婚後期望能在靠海的地方養育小孩，於是才會選擇在鵠沼海岸開設咖啡屋。擁有日本咖啡師資格的先生負責咖啡，會做麵包的太太負責餐點、麵包和點心。不大的店面空間在進門的桌椅區外，還墊高做出閣樓沙發座和家庭個室。

店內使用的自家烘焙咖啡豆，大部分來自附近以鬆餅人氣的咖啡屋「PCH Coffee」。小部分咖啡是由店主自己烘焙，還特別註明是「手網焙煎」，是一種將咖啡豆放入特製網籃直火烘焙的方式，因為每回只能少量烘焙所以份量和種類有限。為了讓懷孕中或餵奶期間的媽媽也可以在此享用咖啡，店主還很體貼的烘焙有

無咖啡因的咖啡。菜單上有多種咖啡飲品、順應一早 8 點開店的自家製麵包早餐（兩個油炸麵包＋咖啡飲料才 500 日圓）和適合一家享用的「天然酵母披薩」午餐輕食。

Milly 點了手沖手網焙煎莊園精品咖啡，配上周末限定印有彎月和星星圖案的 230 日圓「ナミニコあんぱん（7325 天然酵母紅豆麵包）」，深焙的咖啡濃郁香醇但隱約著舒爽果香，能這樣在傳統商店街邊陲位置，喝到如此專業的咖啡是旅途中讓人愉悅的幸運。紅豆麵包小小的、圓滾滾的，口感軟中帶嚼勁，裡面塞滿甜膩適度的紅豆餡。

INFO

7325 コーヒー

藤沢市鵠沼海岸 3-2-21

9:00～17:30、週六 10:00～（週日一定休）

被海岸家族熱愛的麵包屋「BONHEUR」

麵包屋「BONHEUR」靠近小田急鐵道路線平交道旁，所以在店內買麵包時還不時會聽見叮噹叮噹~平交道柵欄啟動時的聲響。

「BONHEUR」水藍色門框店面雖然頗顯眼，但位在店家不多的鵠沼海岸站前商店街後段，又隱藏在鐵道旁轉角位置，不是一時就能容易留意到的麵包屋。

可是在店內設置有四張椅子的內用座位上，以剛買的出爐麵包配著免費供應的熱咖啡享用時，卻看見附近居民不論是老夫婦、騎著自行車帶著小孩的年輕媽媽或是衝浪回來的男子絡繹不絕來到店內，大家都熟悉的邊跟店員聊天邊選擇架上陸續出爐的麵包，可見這間早上8點就開店的麵包屋，已然被當地住人視為是日常生活一部分。

18坪的店內擺放著多達70種類以上的麵包，有當做早餐的吐司、配餐的歐風麵包、放上核果等的點心類丹麥酥、水果派、起司蛋糕和有著培根、火腿等的熟食麵包，是如果住在附近一定會每天

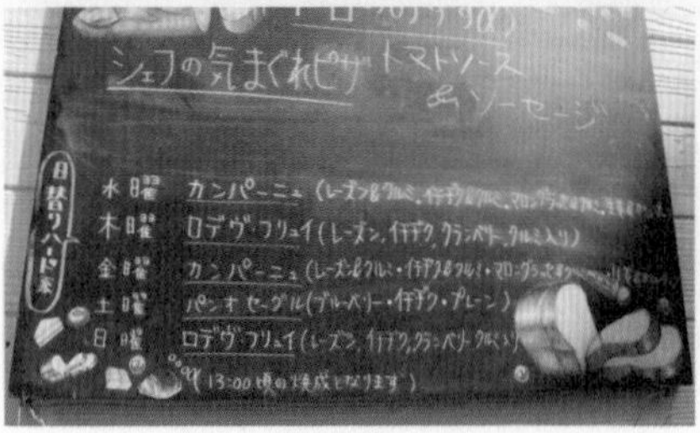

都想繞過來的麵包屋。店主豐永博從十八歲開始就在知名麵包店工作學做麵包，結婚後獨立選擇在海街小城開設以硬麵包為主力的麵包屋，店名「BONHEUR」是法文「幸福」的意思。

INFO

BONHEUR

藤沢市鵠沼海岸 2-1-8

8:00 ~ 19:00（週二和每月第一、三個週三定休）

● 放入和風細緻的法國料理「Restaurant NORI et NOJI」

在鵠沼海岸商店街內最有名的不是什麼寺廟或是歷史建築、米其林餐廳，而是據說是日本第一大人氣的刨冰喫茶店「埜庵」。喫茶店「埜庵」本來 MENU 上是以焗烤飯、拿坡里義大利麵等料理為主，正如一般正常的日本喫茶店。可是夏天一到，大家不惜排隊也要吃他們以日光天然冰刨出的水果刨冰，於是喫茶店「埜庵」乾脆餐食也不提供了，甚至連網頁上都自稱是「かき氷

Restaurant NORI et NOJI

Restaurant NORI et NOJI

の店 埜庵（刨冰店 kohori-noan）」。

「埜庵」實在太人氣，於是在說明其他鵠沼海岸商店街周邊餐廳或是咖啡屋時，也就會特別註明是在「埜庵」的附近或是同一條巷內。

從鵠沼海岸站走去不過1分鐘的創意法國餐廳「Restaurant NORI et NOJI」，就是只跟「埜庵」隔著一條巷道，看到日本網路的美食分享，甚至不少客人還是因為專程來吃「埜庵」的刨冰，路經「Restaurant NORI et NOJI」引起好奇才順道來吃午餐，還有人是排隊排不到吃冰不如來此吃午餐。

這樣說倒不是「Restaurant NORI et NOJI」不怎麼樣，相反地對當地人來說，這可是間只要偶爾想吃好些、想慶賀什麼好日子時，最先想到的摩登風小時尚餐廳。

主廚則末先生原本是日本料理廚師，在擔任日本料理廚師的十年後前往雪梨同樣是以日本料理為主。可是回國後卻心意一轉開始專研洋食，還進而擔任了西洋料理餐廳的料理長。在邀集好友主廚野地先生一起在鵠沼海岸地方獨立開餐廳時，就同樣是以法

式創意料理為主，店名「Restaurant NORI et NOJI」正是取自兩位主廚的姓名。

「Restaurant NORI et NOJI」貫徹地產地消概念，採用附近藤澤地區栽種的減農藥、無農藥蔬菜，自家製天然酵母麵包使用的是湘南小麥麵粉，海鮮來自駿河灣、相模灣，肉類則少不了葉山牛。

除了支持地產漁農作物外，料理使用的香料同樣不妥協的只使用有機香料，店主很著重的餐酒不用說，當然也是採用有機葡萄的「自然派」。

若是偏愛以美酒佐餐，在「Restaurant NORI et NOJI」享用從 amuse bouche（開胃小點）、前菜、冷湯、主食（肉或是魚二選一）到甜品的午餐套餐時，務必建議可以請主廚推薦餐酒。兩位主廚不但都手藝專精，對於酒的專研也很認真。即使只是點杯午餐的餐酒，一樣會將推薦酒樽拿到餐桌旁細心說明特色。

午餐套餐菜色會根據當令食材更動，基本價位是 2300 日圓起，如果要吃更多菜色的 3800 午餐套餐，則需提前預約。

Milly 當日選的 2300 日圓午餐，不論是配色、擺盤、食物鮮度

和料理風味、層次都很不錯，主廚推薦的餐酒更是好喝到忍不住要拍下酒瓶作為日後點餐時參考。

進去餐廳後首先看見的是吧台上一整排色彩鮮豔的主廚特製歐風醃菜玻璃罐，一旁架子上擺放著各式香料罐，此外幾乎每個座位都可以看到半開放廚房內主廚料理的模樣。

INFO

Restaurant NORI et NOJI

藤沢市鵠沼海岸 2-5-18

午餐 11:30 ～ 15:00 、晚餐 18:00 ～ 22:00（週一定休）

nori-et-noji.com

讓人想重回舊地再次享用的美味法國食堂「BISTRO Lanterne」

從鵠沼海岸站走去約5分多鐘，同樣位於「埜庵」所在的路邊上，有間往海邊途中的法國食堂「BISTRO Lanterne」。

跟「Restaurant NORI et NOJI」一樣是提供法國料理，但是單從店名標註的「BISTRO」也大概可以窺看到兩者的不同。「Restaurant NORI et NOJI」不論是菜色擺盤、店員服務、餐廳裝潢都偏向都會風的小正式法國餐廳，「BISTRO Lanterne」則是完全大異其趣的個人風格法國小食堂、小酒館。

由鬍子廚師先生與漂亮太太共同經營，以「自分たちが通いたいと思うお店（自己都想成為常客）」為主題，提供充滿熱情的法國鄉村料理，因為夫婦兩人的外型對比還被常客戲稱是美女與野獸的組合。

老實說，當初對這間法國小酒館產生興趣，不惜從住宿的BREATH HOTEL走上10多分鐘前來，為的單單是這裡據說「份量十足」的肉料理。

可是實際用餐後，不但愛上這裡舒服自在的用餐氣氛，更是完全拜倒在鬍子主廚的手藝下，文字寫到這裡口中又浮現了那日享用的味覺記憶。以白色大蔥搭配的焦糖風味魚白、無花果鵝肝醬和鎌倉蔬菜碳烤牛排，每道菜的法式醬汁都各有風味而且烹調火侯恰到好處，完全不會輸給之前在巴黎米其林推薦的 BISTRO 享用過的料理。

若說「Restaurant NORI et NOJI」的料理像是有教養的優雅大家閨秀，「BISTRO Lanterne」的料理就像是在草原騎馬飛馳而過，充滿生命力的美麗農莊女主人。

肉料理的確是很有份量，加上之前同樣份量扎實的下酒菜，兩道菜作為晚餐已是充分。

（無花果鵝肝醬是鬍子主廚在廚房聽見 Milly 跟太太說到超愛肝料理，非常 Nice 的在主菜上桌前奉送的下酒菜）

料理好不好吃其實很難用文字來形容，只是當吃到真實美味又能窺看到廚師用心的料理時，瞬間那「好吃」「好吃」的呼喊就會充斥在身體中，然後自然而然就會嘴角上揚，幸福的微笑起來。

吃到美味好幸福，有時難免過於浮濫，但是美味食物真的具備幸

福能量。

據說一個人默默在廚房內做菜的鬍子主廚，總是不願滿足於現有的菜色風味，同樣的料理也會不斷不斷的升級，不斷不斷的放入新意。

當然正因為很用心所以每個步驟都不會省略，等候上菜的時間多少要有些許耐心，好在 Milly 一人在櫃檯用餐喝酒，跟著漂亮女主人聊天話說鎌倉湘南同樣是很愉快的。

INFO

BISTRO Lanterne

藤沢市鵠沼海岸 3-12-3

18:00 ～ 24:00（週四定休）

如果只是想簡單的吃些午餐，位在鵠沼海岸站前商店街的 Wine & Food「雅茶 gacha」或許是不錯的選擇，尤其是以當地海岸撈取的しらす（魩仔魚）窯烤的披薩更是推薦。

另外像是「くげぬまライス（KUGENUMA RICE）」的各種

くげぬまライス

雅茶 gacha

飯糰，則是當地人推薦的隱藏外帶美食。據說「KUGENUMA RICE」的老闆原本在四國松山開麵包店，可是先生突然開始對小麥過敏，開了七年多的麵包店被迫關店，之後因緣來到鵠沼海岸開始經營這間完全偏離熟悉麵粉的「米」飯糰店。

INFO

雅茶 gacha
藤沢市鵠沼海岸 3-5-25
15:00～24:00、週日～22:30（週四定休）

くげぬまライス
藤沢市鵠沼海岸 3-12-12
7:00～19:00（週一定休）

Part. 13

江之島每次登高一點點

「江之島」是突出於相模灣的連島沙洲（陸繫島），從江之電的「江之島站」下車，朝著海的方向，通過商店街和跨海大橋弁天橋就能踏上江之島，意外的方便卻也意外的必須走上好一段路。

回想起來似乎沒說過多少關於「江之島」的美言，總是嫌島上風貌太觀光，認定從電車、海灘遠眺絕對較好。因此即使實際上已踏上「江之島」好幾回，都大多是在江島神社下方的「弁財天仲見通り（江島神社參道）」晃晃，發現了幾隻悠閒曬太陽的貓咪後就心滿意足離去。那所謂的江之島名物「生しらす丼（生魩仔魚蓋飯）」在品嚐後，就無法克服那一次吃這麼多魚的罪惡感，無法再次坦然享用。

可是難得住在鄰近江之島的 BREATH HOTEL，堅持不去江之島好像也說不過去，同時也不免想著，無法體認到江之島的魅力會不會是因為沒有進一步的「登高」，或許真正的江之島面相要登高後才能察覺。

為了確認這疑問的真相，再次踏上江之島時，就預先買了張「展望燈塔套票」，計畫一路往上登到島上最高點，藉此「江之島再發現」「揚棄江之島成見」。

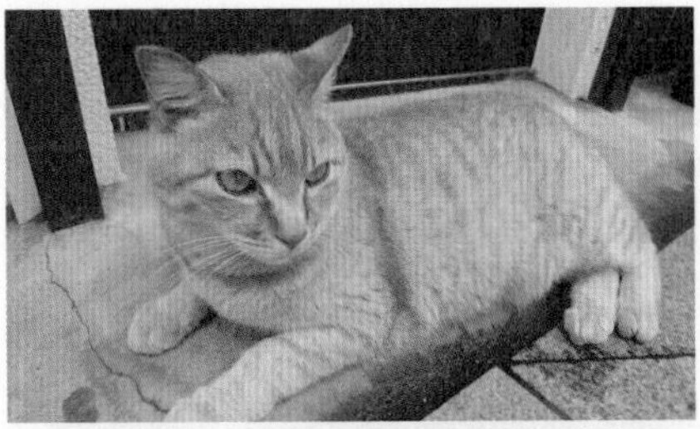

從 BREATH HOTEL 沿著 134 號公路旁沙灘步道往江之島方向走去，看見「新江ノ島水族館」時大約 15 分鐘，接著又走了大約 10 多分鐘通過大橋進入江之島。天氣舒爽時沿路欣賞著海景倒也路途愉快，天氣炎熱或是風強雨大的日子，就建議不如搭乘巴士前往。

在進入名產店、茶屋和餐廳密集的「弁財天仲見通り（江島神社參道）」之前，會先通過頗有風味的綠銅色鳥居「青銅の鳥居」，這容易被觀光客忽略的鳥居，居然建於 1821 年，已被認定為「指定文化財」。

走入略陡坡道的江島神社參道，遇見了當日第一隻貓，總算有些安心。當聽聞島上原本自由自在被島民、店家疼愛的貓咪，因不明原因（有說是被不明人士拐走）大量消失的殘酷訊息時，真的是很難過且擔心。之後在沿路上也不時巧遇著悠閒曬太陽的貓咪，不過據說比起以前真是少了許多。

參道不是太長很快就看見大紅鳥居和臺階那端白色山門（瑞心門），在一旁登高手扶梯「江ノ島エスカー」入口售票處，買張 750 日圓的「展望灯台セット券（展望燈塔套票）」。

江之島遊艇碼頭

這張展望燈塔套票可以搭乘三階段單程的「江ノ島エスカー（登高手扶梯）」、同時包含「江の島サムエル・コッキング苑（山謬克金花園）」門票和登上「江の島シーキャンドル（眺望燈塔 Sea Candle）」展望台的電梯門票。

手扶電梯只往上不往下是單程票，單獨購買「江ノ島エスカー」是 350 日圓，想憑體力走到島嶼頂端據說要走 254 階樓梯。

利用手扶梯來到「邊津宮」沒多停留，因為瞥見一旁花園櫻花正盛開。從「邊津宮」前往「中津宮」途中，會經過眺望停泊遊艇的「江の島ヨットハーバー（江之島遊艇碼頭）」最佳位置的「緑の広場」，這花園廣場種植的數株色澤艷麗的河津櫻花正盛開中，另外在展望塔前的「亀ヶ岡公園」也可以看見數株滿開河津櫻花，預期外的櫻花鑑賞讓初次江之島登高增添了興致。

在進入「江の島サムエル・コッキング苑（山謬克金花園）」前，發現廣場商店前排著長長隊伍，好奇往前探看原來都在等著買以整隻小章魚壓製的仙貝「丸焼きたこせんべい」，在江島神社參道兩旁名產店也留意到「あさひ本店」前，有著長長隊伍等待購

丸焼きたこせんべい

買現作的「丸焼きたこせんべい」，更誇張的還看見有人手上拿著以整隻龍蝦壓製的仙貝。店內也販售有現成包裝的「丸焼きたこせんべい」，只是大家似乎還是認為現壓的才正宗。其他可以買回去當做伴手禮的江之島名物，還有「中村屋羊羹店」的海苔羊羹。

進入花草樹木很有熱帶島嶼氣氛的「江の島サムエル・コッキング苑」，不利用展望燈塔套票，單買門票是200日圓，利用電梯登高到展望台的門票則是300日圓。

江の島シーキャンドル（眺望燈塔 Sea Candle）位在島嶼頂端可環看360度的景致，當然天氣絕佳時也可以看見富士山、伊豆半島。那日天空透藍從展望台看去的視野絕佳，可惜依然沒能如願看見富士山。

眺望燈塔開放到晚上8點，在此眺望廣角的海景暮色，似乎是日後可以期待的行程。

江之電還因此推出了1000日圓，可以無限搭乘江之電再加上「展望灯台セット券」，以及從下午1點開始使用的黃昏版套

御岩屋通

票「鎌倉・江の島アフタヌーンパス（鎌倉江之島 Afternoon Pass）」。

從塔上俯瞰時發現一個綿延在山脊上的未知區塊，參看手上地圖才知那裡是從未踏入，往「岩屋洞窟」「恋人の丘 龍恋の鐘」「江島神社奥津宮」和「稚児が淵」方向的江之島裏側。

Milly 單身女子一人，對於「恋人の丘 龍恋の鐘」這類敲愛之鐘、鎖上愛的鑰匙，成就戀愛運勢的據點沒有探訪激情，只是一心一意想找間擁有不錯情緒空間的咖啡屋。

從展望燈塔沿著彎彎曲曲上上下下的御岩屋通走著，沿路的確看見不少風貌不錯的咖啡屋和可眺望景致的餐廳、茶屋，只是都覺得好像缺少些什麼無法就這樣進入。

讓人不免扼腕的是，距離 Milly 來到不過是一個月後，在御岩屋通上居然出現了一間單從照片就直覺喜歡上，擁有大樹遮蔭眺望露天座的「Cafe Madu 江の島店」。

曾經去過東京「Cafe Madu」的青山店，所以更對這間可以俯瞰湘南海岸的江之島店充滿期待。

LON CAFE

きたさん茶屋

如果那日登高江之島留下印象的，不單單是頂上公園盛開的河津櫻花、不單單是御岩屋通上「きたさん茶屋」的可愛小雞模樣點心「水晶ひよこ（水晶小雞）」、不單單是號稱日本第一間在MENU上出現法國吐司的咖啡屋「LON CAFE」，而還加上在「cafe Madu 江の島店」度過的暖暖薰風午後時光，跟朋友說起江之島回憶時的言語勢必更加豐富且雀躍。

或許跟江之島有著不解的緣份，才會如此每次都少了那麼一點點，似乎只能繼續的每次登高一點點，每次去發掘不同的角落。

在江之島暫且未能掌握到大人的悠然，但在江之島對面的「新江ノ島水族館」和其周邊則不乏大人風味空間。去水族館看似是帶小朋友出遊的家族活動，可是「新江ノ島水族館」營造出浪漫氣氛的水母主題館，卻是吸引不少情侶專程前來。

水族館對面有以夏威夷鬆餅擁有大人氣的「Eggs 'n Things 江の島店」，Milly更推薦在入夜前的黃昏，來到同棟建築二樓的「GARB 江ノ島」，坐在面海的陽台座位喝啤酒吃窯烤披薩。這個海景視野的陽台座位非常搶手，大多時候都早已被預約。

如果當日黃昏可以預期，就不妨去到水族館旁海灘階梯平台，以最佳方位看被夕陽染成耀眼金黃的廣闊海平面。

INFO

Cafe Madu 江の島店
藤沢市江の島 2-6-6
11:00 ~ 18:00、週六日假日 10:00 ~ 19:00、冬季平日 12:00 ~ 18:00（不定休）

LON CAFE
藤沢市江の島 2-3-38．11:00 ~ 20:00、週六日 10:00 ~ 20:00
loncafe.jp

Eggs 'n Things 江の島店
藤沢市片瀬海岸 2-17-23．9:00 ~ 22:30（不定休）
www.eggsnthingsjapan.com

GARB 江ノ島
藤沢市片瀬海岸 2-17-23 2F
午餐 11:00 ~ 15:00，晚餐 17:00 ~ 22:00，週六日 11:00 ~ 22:30

Part. 14

湘南海岸「葉山」「逗子」緩緩假期

比起鎌倉像是東京延伸的觀光地，葉山更像是都會延伸的絕佳度假區。

說葉山像是「小加州」或許有些誇浮，不過在倚傍海岸的「葉山」兩天一夜度假期間，確實感受到在鎌倉滯留時不同的寬裕氛圍，同時得以認可為什麼連日本皇室都會選擇在葉山設置夏日別莊。

鎌倉與逗子的電車距離僅僅是5分鐘，從鎌倉必須經由逗子搭乘巴士前往葉山，作為葉山入口車站的JR、京急逗子站周邊，有著漁港城市的鬆緩氣氛，同時也具備著便利的商圈。

硬漢形象的濃郁風味偵探布丁 MARLOWE

或許知名度不及「東京ばな奈（東京 Banana）」「じゃがポックル（薯條三兄弟）」，但要說到逗子最佳名物伴手禮，當地居民一定會毫不猶豫回答是「MARLOWE プリン」。

1984 年創業發跡於三浦半島相模灣秋谷海岸的「MARLOWE プリン」，採用北海道牛乳和優質食菜雞蛋。宣稱牛乳雞蛋以外

的材料就只是砂糖和香草，強調沒有放入化學添加物，香草也不是香草精而是純正天然香草。早期的布丁杯是以「燒杯」模樣的玻璃瓶樽，現在則有多種包裝款式，像是限量陶器包裝以及卡通圖案版、古雅和風版等等。

目前「MARLOWE プリン」除了秋谷本店、逗子站前店和葉山區內兩間分店外，在橫須賀、橫濱也有分店。那日順應季節在逗子分店選購了櫻花季限定布丁，布丁本身風味濃郁口感扎實，布丁上點綴的粉色櫻花則增添了小小浪漫。

甜蜜 MARLOWE 布丁的商標圖案意外竟是穿著風衣的硬漢中年男子，據知形象參考 Raymond Thornton Chandler 偵探小說的私家偵探 Philip Marlowe，或許店主正是這私家偵探 Philip Marlowe 的粉絲也不一定呢！

INFO

MARLOWE（逗子駅前店）

逗子市逗子 1-2-10・9:30～19:00（不定休）

www.marlowe1984.com

牧產地直送霜淇淋專門店「moomoo's」

「moomoo's（モーモーズ）」正對著京急新逗子站北口。對於每日往返車站、熱愛霜淇淋的女子來說，想必是莫大的誘惑。至少Milly如住在逗子周邊絕對成為常客，企圖將栗子、番茄、抹茶、啤酒、起司、桃子、葡萄等60多種口味全部吃盡。此外，據說每周推出的限定口味，也深受該店愛好者們期待。

如是初次品嚐就建議從純正鮮乳口味的「朝しぼりミルクソフト」入門，畢竟moomoo's霜淇淋可是堅持使用橫須賀關口牧場每日清晨現擠鮮乳製作。

INFO

逗子市逗子2-7-4

12:00～19:00（每月第二、第四個週一定休）

出入JR逗子車站時，或可留意位在車站邊上的「立ち呑み処寄り屋」。位置實在太便利，是相約時絕不會迷路的立食居酒屋。

京急巴士

（京急バス、京浜急行バス）

若不是自行開車，在葉山移動主要的交通工具是利用「京急巴士」。只要能大致掌握京急巴士的路線，就可以餘裕的在葉山遊晃。

www.keikyu-bus.co.jp

只是白天或許會找不到，原來這裡白天是庶民風青菜店，晚上才變身為立食居酒屋。

正確來說，空間內隱藏著四個靈魂，分別是「八百屋（蔬菜店）」「只在週三、六、日經營的義大利風惣菜屋」「現做手工馬鈴薯餅店」和在下午4點半開始營業的「立ち飲み屋」，於是店頭看板就很混亂的寫著「立ち飲み屋　寄り屋　新鮮野菜・果物」。

背山面海的透明感「神奈川縣立近代美術館葉山館」

前往神奈川縣立近代美術館葉山館的交通建議是，從JR「逗子站」搭乘京急巴士「逗11、12系統（海岸回り）」路線巴士。在「三ケ丘・神奈川県立近代美術館前」下車，所需時間約15分鐘。

在私鐵京浜急行「新逗子」到達逗子的話，則是於南口搭乘「逗11、12系統（海岸回り）」路線巴士。

「葉山館」面向「一色海岸」、背著「三ケ岡山」，第一印象是「非常的開放感」再來就是「這美術館真的好幽靜」，在非假

神奈川縣立近代美術館葉山館

日的開館前不論是美術館境內或是周遭都是寂靜無聲的，往返的車輛也不多。

據說美術館在設計時，特別確保了45％以上的綠地，讓美術館本身可以跟大海和綠意、周遭的住宅融合一體，不至突兀。另外整體以白色花崗岩建構的建築高度也精心計算，試圖讓視野能與海平面平行，同時建築物可因此隱身在綠意中，美術館內則非常的用心在「自然光」的導入，充分發揮面山向海的自然資源。

與美術館相通有間同樣面海的餐廳「オランジュ・ブルー（ORANGE BLEUE）」，遷就地形餐廳空間為狹長型，面海的座位沒有想像中多。最佳觀海位置是狹長空間的最前端，在面海的陽台設有三張露天座位。

Milly在餐廳開店同時進去，得以佔據這最佳座位。距離午餐還有些時間，就只點了咖啡配上糕點，該店風評的海鮮咖哩就留給下回吧。

不失為一個海景吸引人的用餐環境，天氣絕佳時不但可以享有湛藍相模灣海景，據說還能看見以大海為前景的富士山。

オランジュ・ブルー

INFO

神奈川縣立近代美術館葉山館
三浦郡葉山町一色 2208-1
9:30～17:00（週一休館）
www.moma.pref.kanagawa.jp

オランジュ・ブルー
Tea Time10:00～17:00、午餐 11:00～15:00（週一定休）

麥克傑克遜曾悄悄到訪過的「葉山ホテル音羽ノ森」

多次在介紹湘南的日本情報節目中看過，一度想預約住宿這位在葉山高台上的面海度假 HOTEL「葉山ホテル音羽ノ森」，實際上出發前也的確完成了預約，只是後來轉變心意，改預約了更貼近海灘也更隱私，同時較新也較時尚質感的「SCAPES THE SUITE」。

未能體驗這享有海面日出日落的度假旅館，就想至少該來這葉

山代表性的度假飯店露天咖啡座，迎著海風在陽光下喝點東西吃個點心才不枉費來到葉山。

不過實際前去後深刻體驗到～哈！要來到這高台上的度假HOTEL，似乎搭公車前往不是太合宜，不夠氣度怡然。搭乘京急巴士在「長者ヶ崎」站下車，資料顯示是走個4分鐘可以到達。距離上的確是如資料掌握，怎知前往時必須走在車輛飛馳而過的134号線公路邊上，更微妙的是還必須穿越馬路爬個頗陡的坡道才能來到HOTEL入口。如在大熱天如此爬坡可能已經一身汗淋淋的，稍嫌狼狽餘裕盡失。

結論是，如是預約住宿則建議還是搭乘計程車前去。如是去用餐那就步調刻意緩慢些，慢條斯理的走上去，先轉身看看海，待平了氣息再進入餐廳可能會多些大人氣度。

「葉山ホテル音羽ノ森」本身是仿南歐風情的度假飯店，20個房間都有著面海陽台。

大廳裝潢和迎賓的工作人員，刻意營造出歐洲度假飯店的氣勢，若說還是想挑挑毛病嫌棄，可能就是飯店本身已經有些年份，在海風的侵蝕下多少有些褪色。

餐廳提供的是使用相模灣海鮮、三浦鎌倉蔬菜以及葉山牛肉的法國料理，其中一日限定十五份以葉山牛料理的2280日圓漢堡餐，則是晚來了就吃不到的大人氣菜色。

關於「葉山ホテル音羽ノ森」餐廳最有名的傳說是，麥克傑克遜曾經微服出巡，於1987年10月15日來此用過餐。

Milly前往時是陽光耀眼的好天氣，於是選在寬敞的「カフェテラス」咖啡露天座，於海藍色遮陽傘下享用了「嘉山農園いちごの特製パンケーキ」的季節限定草莓鬆餅。

本想更有貴婦度假氣氛點杯粉紅氣泡酒搭配，可是這份鬆餅已經要將近1900日圓，就頓時將這奢侈想法從意念中抹去。

INFO

葉山ホテル音羽ノ森

www.otowanomori.jp

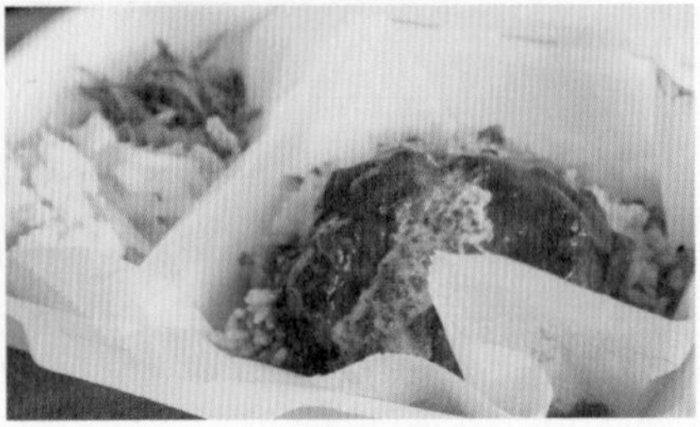

搭錯車後的隨性海岸散步

環繞相模灣的湘南海岸，從葉山~辻堂之間，有著森戸海岸、長者ケ崎海岸、一色海岸、逗子海岸、材木座海岸、稲村ケ崎、七里ケ浜、腰越海岸、茅ケ崎、鵠沼海岸、辻堂海岸等海濱。其中Milly最喜歡的，是有著皇室「葉山御用邸」和「神奈川縣立近代美術館葉山館」的一色海岸。

從逗子站搭乘巴士往「葉山館」時，如果不巧搭上了京急巴士往葉山「山回り」而不是「海岸回り」路線巴士時，就要先在葉山署進駐的葉山御用邸前「葉山」站牌，再轉「海岸回り」路線巴士。Milly就是這樣一個不留神，搭上了往葉山（山回り）的環山巴士路線，就只好先在終點站的葉山站牌下車，等待環海路線的巴士前來時，算算反正時間不急就藉機在站牌周邊晃晃。

原本還天真的以為可以進去「葉山御用邸」，完全不知道這皇室的避暑別墅門禁森嚴根本無法靠近。改往住宅區方向前去時，首先看見了「葉山御用邸」斜對角上，很個性的自家烘焙咖啡豆小舖「THE FIVE BEANS」，探頭向內張望正好跟女店主眼神

對了個正著，就順勢問可否只是喝杯咖啡。

女店主親切的說：當然可以。

於是就這樣意外的，站在最多僅僅可容兩～三個人的櫃檯前，喝了杯現沖現磨的好喝黑咖啡。店內販售的不但都是標明出產地和農園名稱的精品咖啡，還強調咖啡豆在追尋美味外更著重於對環境、野生生物與生產者的傷害減少。

兩坪不到，陽光透亮的小小店內掛著當日販售的咖啡豆名稱看板，櫃檯後有著一個個鐵盒裝的咖啡罐，空間內擺放著南美風味的裝飾和店主家族去哥斯大黎加旅行的照片。

途中看似住在附近的女子，提著環保布袋來買便當，不是咖啡而是便當。

原來Milly去的當日（週二）是咖啡屋定休，在這天就由葉山個人便當屋「COCINA」在此作為「お弁当の日（午餐便當日）」營業到下午2點，買便當時同樣可以買杯咖啡或咖啡豆。這天的便當是漢堡排，看起來真是好好吃，要不是早已經吃過午餐，真的想也買一份回去在海邊野餐。

有趣的是，回來後對照雜誌報導的相關照片才更意外的發現，

THE FIVE BEANS

原來當日遇上來買便當的才是店主太太，沖泡咖啡給 Milly 喝的是「COCINA」便當屋，會沖咖啡因為有跟店主學習。

真正的店主是葉山土生土長的森寄健先生，當日定休日自然看不見他。據說店主森寄健很喜歡衝浪，有時當浪頭很好的日子咖啡店還會臨時休息。

一切都因為是搭錯車、一切都因為是週二的意外事件，好在是很美好的事件。

INFO

THE FIVE BEANS

三浦郡葉山町一色 2037

11:00～17:00（週二和每月第二、四個週三定休）

www.five-beans.com

喝過咖啡再往前走走，看見對街上一棟白牆南歐風三層樓建築，本以為又是間可以好奇的咖啡屋空間，怎知就近一看，居然是以英文寫著「HAYAMA ISSHIKI POST OFFICE」的「一色郵便

一色郵便局

局」。是依然正常營業中的郵局並非博物館，果然是在葉山這樣的地方才會有的遭遇。郵局內裝是木質為主，地板也是木質地板，二樓以上不定期會舉行繪畫等展覽，三樓甚至還有手作工房。

在繼續找到公車站牌搭乘時，看見葉山御用邸前方有間建築典雅的「葉山シャツ本店（葉山襯衫本店）」，Milly 未必會有興趣進去買襯衫，只是看見這樣的店面，就更體認到葉山是一個兼具都會、度假和生活的地區，否則怎麼可以有如此的消費力得以讓一個襯衫品牌發跡，同時將本店設置在這樣安靜的住宅區周邊，而且這本店的原址還是享有盛名的老鋪蕎麥麵店「如雪庵一色」。

「葉山シャツ」跟英國皇家御用的百年老鋪 Kinloch Anderson 有提攜關係，除了現貨的男女襯衫外也可以訂製自己的手工襯衫，價錢自然就不便宜了。

葉山的早餐幸福海岸路徑

● 理想的假日早餐樣式「Double Sandwich HAYAMA」

什麼是居住在葉山的理想早餐模式？進入位在「森戸海岸」公車站牌旁的咖啡屋「Double Sandwich HAYAMA」享用早餐就可以找到答案。

如果可能最好是選在非假日或是住在葉山的HOTEL時前往，更能盡享那在地的悠然海濱晨間風貌。

早上從住宿HOTEL走向晨光中的森戸海岸，跟著沙灘上慢跑與溜狗、散步的居民一起迎向跟海浪翻轉的閃爍陽光，遠眺著海平面那端的江之島，回想著那日曾經在海面看見富士山的方位。跟藤澤、江之島、七里ケ浜、材木座周邊的海濱不同，這裡一早衝浪的人不多，只見到從葉山帆船碼頭揚帆而來的帆船。

這段森戸海岸是葉山地方海灘最長同時最寬廣的區段，海浪相對平穩又可遠眺江之島、富士山，因此夏季假日總會吸引大批遊客前來。

沿著沙灘通過紅橋，來到海岸前端位置上的「森戸神社」。以遼闊的海面為背景的「森戸神社」以結良緣成為男女祈福的熱門據點，不少人更寄望當戀愛成就結成正果時，能在這神社舉行以大海、富士山為背景的神社婚禮。

神社境內最接近海岸的地方，設有葉山出身的日本大明星「石原裕次郎紀念碑」，從紀念碑的位置可以眺望命名為「裕次郎灯台」的燈塔。

順著「森戸神社」參道出來，就可以隔著河溝看見耀眼的白色與水藍色主外觀，散發典型加州海灘度假地咖啡屋風味的「Double Sandwich HAYAMA」。

這間一早8點開店的咖啡屋，是逗子週日限定營業，鬆餅名店的「SUNDAY JAM」的姊妹店，順便一提，「SUNDAY JAM」是逗子麵包屋「wakanapan」附設的限定咖啡屋，因此「Double Sandwich HAYAMA」店內各類三明治使用的麵包，自然也都是來自「wakanapan」。

「Double Sandwich HAYAMA」菜單上倒是沒有因此放上了造

成話題的鬆餅，而是正如店名顯示，是提供無國籍風味的三明治為主的咖啡屋。

如果是在非假日早上來到，就千萬不要錯過平日8點～10點半，早餐限定的多樣化OPEN三明治吐司早餐。

1200日圓的OPEN三明治吐司早餐，可以選擇一份放上季節水果、歐風蔬菜或是培根雞蛋的OPEN三明治，湯或是沙拉擇一，再附上飲料一杯。

吃著平日限定的早餐套餐，旁邊年輕爸爸帶著可愛的小女兒用餐，明明是度假中卻有著從葉山人分享到日常片段的錯覺。

INFO

Double Sandwich HAYAMA
三浦郡葉山町堀內997-20
8:00～19:00（不定休）

註：同樣在森戶神社附近，逗子麵包屋「wakanapan」於2015年3月開設了「wakanapan plus SUNDAY JAM」麵包屋，在此除

了可以買到各式糕點麵包外，也能買到在「Double Sandwich HAYAMA」店內經常搶購一空的大人氣肉桂風味甜甜圈。

INFO
wakanapan plus SUNDAY JAM
三浦郡葉山町堀內 1039
8:00 ~ 19:00、週日 7:30 ~ 18:00（週三定休）

● 眺望富士山的「SCAPES THE SUITE」非日常休日

若是憧憬，自然會持續以念願來期待實現。

在獲知位在葉山森戶海岸、2007 年開業的度假旅店「SCAPES THE SUITE」的美好存在後，就持續的持續的期望著有日能入住，終於在八年後期望實現，所以當將行李放在寬敞的設計品味房間，推開陽台落地大窗望去那整面悠然海平線時，真的瞬時全身都洋溢著夢想實現的暢快與滿足。

度假型HOTEL「SCAPES THE SUITE」僅僅配置了四間風格各異的全海景套房，一晚住宿含早餐兩人4萬5千日圓起，一人住宿同樣不少於4萬日圓，價位未必便宜但實際兩天一夜住宿後，卻留下了可以珍藏的回憶。

「SCAPES THE SUITE」的價值不單單是兼具機能性的都會高質感入宿空間、工作人員機敏卻距離適度的體貼服務，更是在於其坐落環境與營造出的「好日子好休日」氛圍。

躺在舒適大床上可以聽著海浪海風充滿韻律的聲音、在緩緩節奏中沉浸在大海光線變化中，從理所當然的日常短暫脫出，替換進入葉山理想的憧憬日常中。「SCAPES THE SUITE」名稱背後，也蘊含著「歡迎進入美麗的景觀中、這一日我們從日常中脫出」意味。

「SCAPES THE SUITE」四間套房以藍、綠、紅、紅四個代表葉山自然的色澤來配置，Milly住宿的是以薔薇暖色系為基調的「メープルローズ（Maple rose）」房型。

若說這彷佛是裝潢雜誌刊載的空間，可以作為回到日常生活後的示範？其實也有些逞強，但旅行嘛～偶爾奢侈一下、做做夢，

不也是值得的自我投資嗎?!

同時會這麼思想著，若是八年前在開業同時就預約住宿，或許未必能這樣自在悠然於「SCAPES THE SUITE」精心規劃的大人規格度假空間中。正因透過數年來以信念去實現憧憬而滋養的感性與氣度，才得以擁有餘裕去品賞眼前一切。

日後勢必也會帶著來自「SCAPES THE SUITE」的愉悅，將下一個憧憬的旅途未來影像化為自身回憶。

「SCAPES THE SUITE」位在距離逗子站車程約15分鐘的森戸海岸，可以自行搭乘往葉山一色（海岸まわり、海線）的京急巴士前往，於「森戸海岸」站下車後，走去海岸邊上的「SCAPES THE SUITE」不過是1分鐘路程。

事先預約的話還可以在JR逗子站東口右側便利商店前，搭乘「SCAPES THE SUITE」代為預約的計程車前往，回程時也有同樣的計程車接送服務，而且計程車費用還都是由「SCAPES THE SUITE」支付。

當日下午4點check in之後，先是在房間享用客廳桌上預先擺

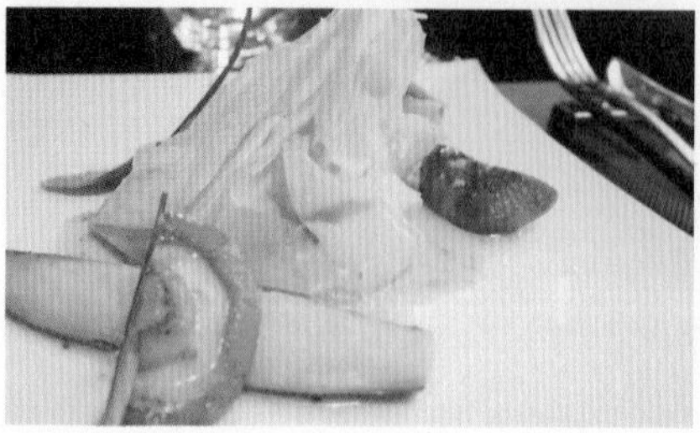

放的冰鎮香檳和馬卡龍點心，站在陽台看海灘上慢跑、散步、溜狗的葉山在地幸福居民，之後隨興沿著森戸海岸沙灘走去面海的「森戸神社」，這神社因可以富士山為背景進行戶外婚禮儀式，成為了舉行日式婚禮的熱門場所。黃昏前穿梭在車輛不多的海岸小城巷道之間，流連看著那一間間異國風味小食堂和風味咖啡館、小酒吧，忍不住思緒飄蕩的幻想起來，如果住在葉山，每日的日常該是多麼的豐富呢。

好在這羡慕沒有化成嫉妒（笑），畢竟今晚Milly可是擁有同樣可以被人羡慕的居所。

回到房間從放置著多種任喝飲品的瓶瓶罐罐中，選擇了早想嘗試的「葉山啤酒」，坐在陽台露天座位，眺望黑夜前的黃昏海面。

入宿後整個放鬆就不想如預定驅車去逗子街上用餐，改為利用「SCAPES THE SUITE」一樓有著開放廚房的都會風碳烤餐廳，喝著推薦的白酒配上鮮魚前菜、紙包烤魚。

睡前開著音響任空間迴旋著音樂，在透過玻璃隔間可看到客廳、陽台的大浴缸泡澡，睡時則將音響關掉以海浪聲入眠。

一夜好眠舒爽起床，泡杯咖啡放空著，本還想賴在屋內，卻被

窗外海面上晨光中露出的富士山景象震撼，回過神來時已經踏在「SCAPES THE SUITE」的沙灘上。

只能看著望著凝視著，讓眼前偏離日常的影像深深映在腦海中，畢竟太美好以至於如此不真實。

在房間內享用有著水果盤、優格、燻鮭魚、斑尼迪克蛋的豐盛早餐同樣是非日常樣式，吃著吃著都開始擔心，被這樣美好的早餐給寵壞了可怎麼辦好呢。

不過更加非日常的，是早餐前預約的個人獨佔頂樓露天浴池和按摩浴缸 SPA 體驗。工作人員不但事先清理好浴池、放好溫度適中的熱水、放好音樂、點上燻香，甚至還在浴池邊上準備了冰涼礦泉水和酒香水果凍。

如此的，在憧憬日常的葉山，度過非日常的兩天一夜。

INFO

SCAPES THE SUITE

www.scapes.jp/english/

Part. 15

橫濱春日情緒角落小旅行

利用便捷的鐵道路線，從鎌倉往返橫濱不過是25分鐘的距離，是湘南小旅行路徑上的一個情緒轉換連結。

天氣是不能預期的，在旅行中。可是如果在晴朗天空湛藍的日子來到橫濱，勢必會更喜歡上橫濱，至少Milly是這樣確信的。如果可以的話，還建議選擇在4月中下旬會更完美，這季節的橫濱有著耀眼的新綠，同時處處綻放著多彩的美麗花朵。

橫濱春日漫遊選擇從みなとみらい線（橫濱港未來線）的「日本大通站」開始，在上午依然帶著些許涼意的豐饒綠意中沿著日本大通散步，看著沿路「神奈川県庁」「横浜開港資料館」「横浜地方裁判所」「三井物産横浜ビル」「旧関東財務局」等氣派典雅展現昔日風華的歐風建築。日本大通由英國蘇格蘭的設計師Richard Henry Brunton規劃設計於明治3年左右完成，是日本第一條純西洋式街路。

隨興品賞著華麗大通上老建築時，發現了一個隱密在林蔭後方的幽靜風情咖啡屋「Au jardin de Perry」，而且在一早8點開始

Au jardin de Perry

Au jardin de Perry

即有早餐供應，於是沒多猶豫就走了進去。

其實最先被吸引靠近的，是那座在「神奈川県庁」旁的美麗歐風教堂「横浜海岸教会」，往前探訪時才留意到一旁獨棟建築的咖啡屋。

「Au jardin de Perry」所在位置是舊英國領事館，現在領事館已被利用作為「横浜開港資料館」。咖啡屋「Au jardin de Perry」店名是法語「ペリーの庭（Perry 的庭園）」，根據資料獲知的有趣情報是，現在咖啡屋的空間原本是英國領事館的守衛室，居然可以這樣美好的變身，真是不錯。

咖啡屋空間不大也稱不上精緻或是華麗，但勝在地點幽靜，尤其是坐在透出綠意光影的窗邊位置，更是讓人一整個全然放鬆。

早餐套餐 700～800 日圓不等，Milly 想品嚐店頭擺放的麵包，於是選了麵包配上黑咖啡。

麵包每天會從店主老家橫濱金沢的麵包屋「BREMEN（ブレーメン）」，在出爐後新鮮送到。

大淺橋

INFO

Au jardin de Perry

横浜市中区日本大通3横浜開港資料館

8:00～17:00（週一定休）

早餐後走去不遠處面向碼頭海岸的「山下公園」「象の鼻カフェ（象鼻咖啡）」「大棧橋」和「赤レンガ倉庫（橫濱紅磚倉庫）」。

「大棧橋」基本上不算是一座橋而是「橫濱港口大棧橋國際客輪碼頭」，建築名稱有個「橋」字，是因為日文船隻停靠處稱為是「棧橋」，是讓船舶得以靠岸伸向海面、湖面的長形橋。建築結構打破傳統客輪碼頭印象，具有超越未來的視覺張力，所以幾乎大部分的人都不是為了來搭船，而是為了鑑賞這壯麗又氣勢的建築體而前來。

大棧橋往大海延伸，沿著木質坡道登上彷如天空浮島的大棧橋平台，天氣絕佳時可以在紅磚倉庫和超高層地標建築 The Land Mark Tower 方位發現富士山。那日原本以為這樣的大好天氣一定

象鼻咖啡

可以看見富士山，可惜只是露出一小角模樣也有些朦朧。

置身在大棧橋平台很難想像自己其實是在碼頭的屋頂上，反而會有身處在綠意草坪山丘上的錯覺。盛夏時期這平台上還會設置啤酒吧台，讓遊客可以一面喝著清涼啤酒、吃著熱狗，一面眺望著橫濱港灣的華麗夕陽。

「象の鼻カフェ（象鼻咖啡）」位在大棧橋旁，全年無休在上午10點開始營業，擁有一整面廣角落地大窗的明亮店內，不但擺放有一大隻大象雕塑，也販售有各式以大象為發想的設計商品和超可愛的大象霜淇淋。咖啡店位在「象の鼻テラス（象的露台）」內，「象の鼻テラス」是為了紀念橫濱市開港一百五十週年建立於2009年6月開館。天氣舒適的日子，咖啡店前種植著野花的露台，總可以看見情侶、一家大小、單身男女，在此各據一角的野餐、看書、嬉戲著。

「橫濱紅磚倉庫」應該跟山下公園、中華街一樣，是大家較為熟知的觀光據點。

横浜観光スポット周遊バス（橫濱觀光景點巡遊巴士）

「横浜観光スポット 周遊バス」使用的巴士被稱為「あかいくつ（紅鞋觀光巡迴車）」。單次搭乘是100日圓，使用「みなとぶらりチケット（港灣漫遊車票）」的500日圓一日券也可以搭乘。

橫濱市很積極的推廣觀光，推出了跟不同交通系統合作的特惠套票，詳細資料可以參考橫濱觀光網站的中文網頁。

www.welcomeyokohama.com/tc

橫濱紅磚倉庫

不能否認對於「橫濱紅磚倉庫」內的店家、餐廳已經不如初期的這樣興致勃勃，但是對於不同光線下、季節中的建築本身還是很喜歡。尤其是那日前去正巧遇到廣場上設置了一年一度的華麗「Flower Garden」，更是讓原本以為注目度已經略微褪色的這個商業設施又耀眼奪目起來。「橫濱紅磚倉庫」的廣場區一年中會舉辦各式各樣的大型活動，最受期待的據說是夏天舉行的大型啤酒節。

INFO

象の鼻カフェ
横浜市中区海岸通1
10:00～18:00
www.zounohana.com/cafe/

横浜赤レンガ倉庫
横浜市中区新港1-1
1號館 10:00～19:00、2號館 11:00～20:00
www.yokohama-akarenga.jp

關內櫻花通

滿足拍下花團錦簇的風景後，在「橫濱紅磚倉庫」搭乘觀光循環巴士「横浜観光スポット 周遊バス」，目標「港の見える丘公園」。

「港の見える丘公園（港之見丘公園）」正如其名，在此可以俯瞰橫濱港、街景和 Bay bridge 大橋，在春秋兩季還可以欣賞到滿園艷麗的玫瑰花。

Milly 前去時玫瑰花還未能盛開，倒是在周邊的「橫濱山手西洋館」地區，看見了跟歐風獨棟建築互相輝映的八重櫻花。

4月下旬的橫濱除了山丘上的山手區之外，在靠近JR關內車站的「関内桜通り（關內櫻花通）」八重櫻並木，更是形成了一條艷麗的櫻花隧道。

這路段的八重櫻是一種稱為「關山」的品種。這種八重櫻的花瓣有時可多達50多瓣。八重櫻的花季較長，大約是在4月下旬開花，一直延續到5月上旬。

元町商店街的巴黎角落「Cafe de LENTO」

從「港の見える丘公園」有近道可以往下走到元町商店街，在元町商店街主要街道旁邊陲位置上，有間散發出巴黎小鎮風情的餐廳「Cafe de LENTO」。

光從外觀或許還不能察覺這間咖啡屋的深厚內涵，一旦進到店內即刻被內裝品味和悠然舒適氛圍給征服。是兼具了美好日常和洗鍊格調的咖啡屋，尤其喜歡這咖啡屋帶著年歲痕跡的深色木料家具和古董擺設，其實是2014年全新開張的店家，卻能成功營造出古老而美好的老鋪風味。

當日午餐點了尼斯風冷盤沙拉和以雜麥烤吐司搭配享用的燉煮牛肉套餐（ビーフシチューセット），尼斯風沙拉單吃口味清爽，淋上醬料則增添了層次，讓人想去細細品嚐的，還有那煮得絕妙的半熟糖心蛋。

以七種蔬菜熬煮的燉牛肉風味濃郁，跟著融化的起司一起享用更多了溫醇滋味，那殘留在熱呼呼碗邊的起司焦香更是精采。雜麥吐司烤得酥脆可以就這樣原味品嘗，也可以如點心一樣淋上蜂

蜜奶油來吃。

不少人在餐後還會詢問店員當日吐司存量，如有剩餘還可以購買回家。

料理美味讓每一口都是幸福，於是興致飄然的又點了杯在檸檬汁上倒入紅酒，色澤讓人陶醉的 American Lemonade 調酒。是不論料理、甜品和酒品都頗道地的南法風情餐廳，店頭還擺放著以雅緻禮品包裝的巧克力點心和大人氣的起司蛋糕。

這裡的季節水果派餅是造成咖啡屋受到女子們偏愛的另一個主因，以紅茶、咖啡搭配作為下午茶是一種幸福的選項。午餐時只要多加 300 日圓，同樣可以當餐後點心享用。

店主原本在東京下北澤經營了一間創造傳說的咖啡屋「CICOUTE CAFE」，十二年歷史的咖啡屋在惋惜中結束，三年後才又在隨處隱約著歐陸風情的橫濱元町復活。

在「CICOUTE CAFE」時期的熱門餐點「尼斯風沙拉」「起司火腿雜麥三明治」，更在老顧客的期待中出現在 MENU 內。

店名「LENTO」是標示速度的音樂音符，潛藏著店主希望客人能悠哉度過用餐時光和享用投入時間烹調料理的心意。

INFO
Cafe de LENTO
横浜市中区元町 5-213 101
11:00～20:00（週三定休）

藍色的「BLUE BLUE YOKOHAMA」和紫色的「YOKOHAMA LOTUS」

午餐後先是順路來到不乏老鋪和時尚店家的元町商店街逛逛，之後再次搭乘循環觀光巴士回到大棧橋，想在離開橫濱前吹吹海風眺望海港風情。

在港口邊大棧橋旁，有棟斑駁深褐色倉庫配上海洋藍牆面的建築，是在大棧橋遊晃的同時就持續好奇的據點。原來是以男性休閒服為主的服飾精品店，店內也販售自創品牌的服飾、T恤和杯子等雜貨小物。店鋪全名是「BLUE BLUE YOKOHAMA」，兩個重疊的「BLUE」可見商家有多麼執著於海洋的藍。

跟「BLUE BLUE YOKOHAMA」並排同樣面向港灣的，是擁有紫色快餐車和咖啡屋店頭的「YOKOHAMA LOTUS」。

根據資料「YOKOHAMA LOTUS」和「BLUE BLUE YOKOHAMA」同樣出自堅持有機信念的營運公司「聖林」，此外總覺得那紫色蓮花寫著「LOTUS」的LOGO好像在哪裡看過，後來才回想起曾經在東京代官山同一系列的麵包店買過有機麵包。

天氣大好的日子自然捨不得待在室內，於是跟店家點了瓶冰得透涼的法國產蘋果氣泡酒，拿到店前以輪船周邊廢棄物改裝的露天座位。

這樣聽著大船汽笛聲、海鷗的鳴叫聲，眼前是港灣內停泊的遊船、漁船，遠方是高聳的現代建築和廣闊天空，所有的一切都是無可替代的完美港灣情緒。

「YOKOHAMA LOTUS」是堅持使用天然酵母和有機栽培自然素材的麵包店，原本以為是咖啡屋旁附設了一個移動販售的麵包車，不過實際上似乎反而是以「移動販售的麵包車」為主，在旁邊設立了販售麵包的咖啡屋。

設立當初的確希望這麵包車可以在附近山下公園移動販售，後來卻不知為何麵包車就在兩棟建築間落腳，成了不移動的移動麵包車。

室內咖啡屋以麵包為主、外賣快餐車則以飲料供應為主。除了麵包糕點和種類眾多從啤酒、氣泡酒到有機果汁等的飲料外，天冷時還可以點一份熱呼呼的蔬菜湯、咖哩配著麵包享用。

藍色牆面、紫色外賣車和攀爬著綠色植物的白色咖啡屋，或許不是絕對刻意的計算，印入眼簾卻是非常搶眼的配色，或許是為了配合這豐富的顏色，店內也不乏色澤鮮豔的麵包，像是切開後有黃、綠、紫色層次的吐司。

INFO

YOKOHAMA LOTUS
橫浜市中区海岸通 1-1
11:00～20:00（週一定休）

後記

以地元氣氛來短期居留鎌倉

從東京當日往返鎌倉，轉變為住宿鎌倉品味鎌倉後，就更加的偏愛著鎌倉。

不過礙於時間安排暫時只能每回住個三～四日，雖說已能相對體驗在地人的生活圈，但是私底下持續妄想著，如果能短期居留該有多好。

期間一度想嘗試的是一週租賃「microstay」，透過預約可以10萬～15萬日圓不等的房租，擁有一間坐落在小丘上的望海陽台房屋。

據說的確有人是請了一週的假期，來此住宿一週徹徹底底的度假。但是意外的是，更多的人在一週內的平日，依然正常的從鎌倉通勤上下班，週末假日才如常的放假。這也正符合的「microstay」企劃時刻意以一星期為單位，期望住宿的人可以因此體驗到「如果住宿在鎌倉」的平日、早上晚上和假日步調，亦即是一種「試住鎌倉」的邏輯。

另一個類似的別莊地短期租約系統還有「STAYCATION」，他們在北鎌倉靠近明月院提供的風雅古民家「どんげ庵」，單是看了網路介紹都讓人神往。

目前這個試住鎌倉的願望還未能有時間，較大的問題是「microstay」「STAYCATION」這類的租約還是必須建立在「契約」的規條上，對於外籍人士、海外旅客或許不能順利完成一步步從申請、審查、簽約、付款到入住的流程。

不過這至少顯示著，期望住在鎌倉已然是存在現象，可以預想不久的將來勢必有更簡約得以短期居留鎌倉的途徑。

INFO

microstay · microstay.net

STAYCATION · www.staycation.jp

當然即使不那麼大費周章，同樣可以模擬當地人氣氛住宿湘南、鎌倉一段時日，實現日本人口中所謂的「プチ移住（短期移住）」。

例如利用長期住宿有優惠的 Guest House 或是有簡易廚房設備的 HOTEL 等等。方式一定是有的，只要「企圖」是存在的，只要湘南、鎌倉的日常依然是讓人憧憬的美好。

在此書即將完稿送印前夕，透過網路欣喜獲知，離長谷站不遠距離海岸不過 1 分鐘位置上，只有六間房間且擁有美好咖啡屋空間的小小海邊居住型 HOTEL「Hotel aiaoi」，於 2016 年 2 月 15 日開始營業。

被他們飄散著日常生活感又鎌倉風格的文字介紹給吸引，宛如留宿友人家中般散發著溫馨氣氛。於是在獲知這旅店存在的當日就完成了預約，期待在 5 月中旬能透過住宿「Hotel aiaoi」，得以更貼近鎌倉的美好生活樣式中。（住宿 Hotel aiaoi 的晨昏點滴，將於「Milly的情緒私旅」臉書粉絲團同步分享。）

INFO

Hotel aiaoi・aiaoi.net

怎麼又去了鎌倉？因為鎌倉在那裡。

ただいま　かまくら。

鎌倉、海街好日子

「觀光以上、住人未滿」的湘南私我路徑

作　　者　Milly
裝幀設計　李珮雯 (PWL)
插　　圖　Fanyu
行銷業務　王綬晨、夏瑩芳、邱紹溢、張瓊瑜、李明瑾、蔡瑋玲、郭其彬
主　　編　王辰元
企畫主編　賀郁文
總 編 輯　趙啟麟
發 行 人　蘇拾平
出　　版　啟動文化
台北市 105 松山區復興北路 333 號 11 樓之 4
電話：（02）2718-2001　傳真：（02）2718-1258
Email：onbooks@andbooks.com.tw
發　　行　大雁文化事業股份有限公司
台北市 105 松山區復興北路 333 號 11 樓之 4
24 小時傳真服務（02）2718-1258
Email：andbooks@andbooks.com.tw
劃撥帳號：19983379
戶名：大雁文化事業股份有限公司

初版 2 刷　2017 年 09 月

定價　新台幣 380 元
ISBN　978-986-92348-6-3

歡迎光臨大雁出版基地官網
www.andbooks.com.tw

國家圖書館出版品預行編目 (CIP) 資料

鎌倉、海街好日子：「觀光以上、住人未滿」的湘南私我路徑 / Milly 著 . -- 初版 . -- 臺北市：啟動文化出版：大雁文化發行，2016.04

ISBN 978-986-92348-6-3（平裝）

1. 遊記 2. 日本神奈川縣 3. 日本鎌倉市

731.72709　105003344